Robert Sedlaczek

Geboren 1952 in Wien, Studium der Germanistik, Anglistik und Publizistik. Zunächst Redakteur bei der Nachrichtenagentur UPI; ab 1980 Mitarbeiter u. a. von Bundeskanzler Kreisky; später Geschäftsführer des Österreichischen Bundesverlages; Autor zahlreicher Bücher und Aufsätze zu Österreich-Themen, bei Ueberreuter zuletzt erschienen: »Das österreichische Deutsch. Wie wir uns von unserem großen Nachbarn unterscheiden«.

Robert Sedlaczek

Kleines Handbuch der bedrohten Wörter Österreichs

Unter Mitarbeit von Melita Sedlaczek

UEBERREUTER

ISBN 978-3-8000-7320-7

Gestaltung: Kurt Hamtil, Wien

Druck: Theiss GmbH, A-9431 St. Stefan im Lavanttal
7 6 5 4 3 2

Ueberreuter im Internet: www.ueberreuter.at

Abenteuer Sprache – unter dieses Motto könnte man die vorliegende Sammlung von »bedrohten Wörtern« stellen. Es handelt sich um Wörter, die in unserem Sprachgebrauch gerade von einem anderen Wort verdrängt werden.
Die Sprache lebt, täglich prasseln Neuschöpfungen auf uns herein. Gleichzeitig geraten andere Wörter in Vergessenheit, siechen dahin, sterben aus.
Dieses kleine Handbuch soll ein Wegweiser durch die sprachlichen Veränderungen unserer Zeit sein. Wenn Wörter auf die Verliererstraße kommen, dann versieht sie das »Österreichische Wörterbuch« zunächst mit dem Zusatz »veraltend«. Setzt sich die Talfahrt fort, wird die Eintragung mit dem Vermerk »veraltet« markiert. Die nächste Stufe ist »ausgestorben« – das Wort wird bei einer Neuauflage aus der Sammlung entfernt.
Warum müssen manche Wörter ein derartiges Schicksal erleiden? Wenn jene Sache, wofür das Wort steht, aus unserem Alltag verschwindet, stirbt zwangsläufig auch die dazugehörende Bezeichnung aus. Wenn es keine *Gendarmerie* mehr gibt, wird auch das Wort aussterben – das ist eine Folge der Zusammenlegung von Gendarmerie und Polizei.

Gleiches gilt für Wortzusammensetzungen wie *Gendarmeriepatrouille* und *Gendarmerieposten*. Das wird jeder verstehen. Aber warum müssen altgediente Wörter durch fremde ersetzt werden, wenn aufs Erste kein Grund dafür erkennbar ist?

Die Sprache ist ein beinharter Verdrängungswettbewerb. Oft hat ein Wort lange Zeit gute Dienste geleistet, da taucht plötzlich ein konkurrierender Ausdruck für dieselbe Sache auf, meist aus dem Angloamerikanischen oder aus dem Norddeutschen, und versucht, ihm den angestammten Platz streitig zu machen. Es kann sein, dass das neue Wort kürzer ist, und es kommt uns irgendwie unverbraucht vor. In anderen Fällen geraten Wörter einfach aus der Mode, und man kann nicht einmal einen direkten Widersacher ausmachen – auch das gibt es.

Was kann man gegen das Aussterben von Wörtern tun? Sie verwenden! Nur dadurch wird man sie eventuell vor dem Untergang bewahren. Vielleicht stoßen Sie beim Schmökern auf den einen oder anderen Ausdruck, der Ihnen schützenswert erscheint. Gleichzeitig werden Ihnen noch viele andere in den Sinn kommen, dieses Buch ist ja exemplarisch angelegt, es kann keinen Anspruch auf Vollständigkeit erheben.

Robert Sedlaczek

Ich habe mir vor kurzem eine ganz persönliche Liste mit schützenswerten Wörtern angelegt. An der Spitze steht *Mezzie* – klingt das nicht viel schöner als *Schnäppchen?*
Melita hat *bagschierlich* auf ihrer Liste stehen – kann man etwas Netteres über eine gut aussehende und natürlich auftretende junge Frau sagen? Wenn Roberta sagt: »Kannst du die Blumen gießen, während ich auf Urlaub bin?«, dann antworte ich mit: »*Freilich!*« – nicht mit: »Ja, *natürlich!*« Die älteren Ausdrücke werden durch die millionenschwere »Billa«-Werbung aus unserem Sprachgebrauch verdrängt.
Manche Wörter unseres Sprachgebrauchs geraten deswegen ins Hintertreffen, weil in den Synchronisationen von Filmen – egal ob im Kino oder im Fernsehen – vor allem die Ausdrücke aus dem Norden oder aus der Mitte des deutschen Sprachraums verwendet werden. Deshalb ist vieles schützenswert, was man als mundartnah einstufen kann. Sagen wir also ruhig *Halawachl* oder *Hallodri* statt *Luftikus* oder *Windbeutel, ein Schnoferl machen* statt *eine Schnute ziehen, Freunderlwirtschaft* statt *Vetternwirtschaft.* Wenn ein österreichischer Sportler einen Platz am Podest schafft, dann steht er *am Stockerl,* nicht *am Treppchen.*
Wie sieht Ihre Liste schützenswerter Wörter aus? Besuchen

Sie die Website www.unsere-Sprache.at – dort werden die geposteten Wörter der Leserinnen und Leser ausgestellt. Außerdem erfahren Sie alles über die Aktion »Patenschaften für bedrohte Wörter«.

Obwohl ich also manche Wörter gerne unter eine schützende Glocke stellen möchte, verstehe ich mich nicht als Sprachpurist.

Es geht mir nicht darum, alle Fremd- und Lehnwörter aus unserem Sprachgebrauch zu entfernen, das österreichische Deutsch von Ausdrücken des deutschen Deutsch zu säubern. Aber einige von uns könnten schon sorgfältiger mit der Sprache umgehen – das setzt voraus, dass sie über die Herkunft der Ausdrücke besser Bescheid wissen.

In Deutschland kämpfen zurzeit erfolgreiche Sachbuchautoren wie Walter Krämer (»Lexikon der populären Irrtümer«) und Bastian Sick (»Der Dativ ist dem Genetiv sein Tod«) gegen das Denglische, also gegen die unkritische Übernahme englischer Ausdrücke ins Deutsche. Der eine ist Professor an einer Universität im Ruhrgebiet, der andere stammt aus Lübeck und arbeitet in Hamburg. Krämer schreibt in den »Sprachnachrichten« des »Vereins Deutsche Sprache« flammende Artikel gegen Amerikanismen und

Anglizismen, sein Vereinskollege Sick unterstützt ihn publizistisch auf »Spiegel-Online«.

Gemeinsam mit einer immer größer werdenden Schar von Mitstreitern entwickeln sie Strategien, wie man englische Lehn- und Fremdwörter ausmerzen könnte. So will der »Verein Deutsche Sprache« durchsetzen, dass wir nicht mehr *Notebook* oder *Laptop* sagen, sondern *Klapprechner.* Bastian Sick schreibt, dass er sich an den Ausdruck *Klapprechner* bereits gewöhnt habe – obwohl er ihn ursprünglich an Klappstuhl, Klapptisch und Klapprad erinnert hat, aber nicht an einen Computer. Ich weiß nicht, wie es Ihnen dabei geht – für mich ist *Klapprechner* ein absolutes Unwort. Genauso furchtbar ist *Prallkissen* statt *Airbag, Niet(en)hose* statt *Bluejean, Beinlinge* statt *Leggings, Trimmdichstätte* statt *Fitnessstudio, Brodelbad* statt Whirlpool und *Eine-Nacht-Sex* statt *One-Night-Stand.*

Wo es brauchbare Alternativen im Deutschen gibt, sollte man sie allerdings verwenden und auch fördern: *Klimaanlage* statt *Aircondition, Flugschreiber* statt *Blackbox, Zusammenbruch* statt *Breakdown, Hörbuch* statt *Audiobook, Fahrgemeinschaft* statt *Carsharing* usw.

Dass der Vielvölkerstaat der Habsburger kein Nährboden

für Sprachpurismus war, liegt auf der Hand. Gleiches gilt für den heutigen Kleinstaat Österreich. Wir leben mit slawischen und ungarischen Minderheiten zusammen, viele Lehnwörter des österreichischen Deutsch stammen aus den Sprachen unserer Nachbarn: aus dem Tschechischen, dem Slowakischen, dem Ungarischen, dem Slowenischen und dem Italienischen. Hinzu kommen heute die Sprachen der Migranten aus den weiter entfernten Ländern. Nicht zuletzt hat auch das Jiddische unseren Wortschatz beeinflusst.

Es kann übrigens durchaus sein, dass ein altes Wort mit einem neuen in einer Art friedlichen Koexistenz zusammenlebt. Auch das wollen die Sprachpuristen nicht wahrhaben. Meist kommt es dann zu einer Bedeutungsdifferenzierung, wobei das neue Wort einen engeren Bedeutungsumfang hat als das alte. *Einkaufen* ist und bleibt der Oberbegriff, dabei ist es ganz egal, was man einkauft. *Shoppen* inkludiert auch einen Schaufensterbummel, es geht um größere Einkäufe, nicht um Einkäufe des täglichen Bedarfs.

Die sprachliche Vielfalt innerhalb des deutschen Sprachraums ist eine Bereicherung, keine Bürde. Sie ist auch Teil der kulturellen Identität. Ich erschrecke bei dem Gedanken, dass man eines Tages in München oder Stuttgart genauso reden könnte wie in Hamburg, und in Wien, Graz oder Salzburg genauso wie in Frankfurt oder Berlin. »Kuck dir doch mal diese leckere Hühnerkeule an!« Werden wir derartige Formulierungen eines Tages als heimisch empfinden?

Wenn wir Wörter gebrauchen, die auf die Verliererstraße gekommen sind, dann haben wir eine Chance, diesen Entwicklungen Einhalt zu gebieten. Es kann sogar sein, dass Wörter, die wir schon für ausgestorben gehalten haben, plötzlich wieder auftauchen: in der Jugendsprache, in einer Fachsprache oder im allgemeinen Sprachgebrauch.

Zwei Beispiele fallen mir sofort ein. Jugendliche grüßen heute mit *d'ere* – das ist eine Kurzform der bereits als ausgestorben erachteten Grußformel *Habe die Ehre.* Manche Biker verwenden heute für einen weit ausladenden Lenker das bereits in Vergessenheit geratene Wort *Gouvernal* – so haben unsere Großeltern das Lenkrad eines Autos, eines Motorrades oder eines Fahrrades bezeichnet.

Das sollte uns ein Trost sein – nichts ist unmöglich!

Die Akte *oder* der Akt

»Eurofighter: *Die Akte* Steininger«
»News« Nr. 18 vom 3. Mai 2007

»*Die Akte* Kartnig«
»Format« vom 11. Mai 2007

»Eurofighter: Matznetter jetzt für Herausgabe *der Steininger-Steuerakte.*«
Meldung der »Austria Presse Agentur« vom 3. Mai 2007

»Eurofighter: Koalitionskrach um *die geschwärzten Steuerakte!*«
»Kronen Zeitung« vom 6. Mai 2007

Wenn der Bundeskanzler zu einem seiner Mitarbeiter sagt: »Bring mir den *Akt!*«, dann holt dieser eine Sammlung schriftlicher Unterlagen zu einem bestimmten Thema.
Wenn der Chef des Burgtheaters sagt: »Mir fehlt der dritte *Akt!*«, dann bekommt er den dritten Teil des Theaterstücks.
Und wenn die Malerin sagt: »Bring mir den *Akt!*«, dann weiß der Galerist, dass er ein Bild holen soll, das einen nackten Körper zeigt.
Alle drei Wörter gehen auf lateinisch *agere* zurück: »(sich) bewegen«, »tun«, »auf etwas hinarbeiten«, »auf der Bühne etwas darstellen«, »verhandeln«, »besprechen«, »eine Rechtssache führen« etc. Dass es zu Verwechslungen zwischen den

verschiedenen Bedeutungen von *Akt* kommt, kann man ausschließen. Der Bundeskanzler wird nicht Gefahr laufen, dass sein Mitarbeiter in aller Eile ein Bild von Dina Larot kauft. Dina Larot kann wiederum sicher sein, dass ihr nicht ein Bühnentext oder eine Sammlung amtlicher Schriftstücke gebracht wird, sondern ein Bild.

Trotzdem hat man sich in Deutschland entschieden, am grammatikalischen Geschlecht herumzudoktern. In Deutschland heißt eine Sammlung von Schriftstücken nicht *der Akt,* sondern *die Akte.* In Österreich (und im Südosten Deutschlands) ist man bei der einheitlichen maskulinen Form geblieben: *der Akt.*

Wie ist es dazu gekommen? Ursprünglich hat es sich um eine Mehrzahlbildung gehandelt: *acta* (= das Verhandelte). Daraus ist die Bedeutung »Sammlung amtlicher Schriftstücke« entstanden. Von diesem Wort ist irgendwann einmal eine Einzahlform rückgebildet worden: eine maskuline in Österreich und Bayern *(der Akt)* – in Anlehnung an die bereits existierenden Wörter, die sich von *agere* ableiten – und eine feminine in den anderen Gebieten des deutschen Sprachraums *(die Akte).*

Die österreichischen Medien halten sich normalerweise an die heimischen Sprachgepflogenheiten. Wenn allerdings in der Verwendung »Schriftstücke« direkt hinter dem Wort *Akt* ein Name folgt, dann werden sie unsicher: Kann man das schreiben: »*Der Akt* Kartnig«? Klingt das nicht komisch:

»Der Akt Steininger«? Deshalb weichen manche Journalisten in solchen Fällen auf die Variante des deutschen Deutsch aus: *»Die Akte* Kartnig« und *»Die Akte* Steininger«. Das klingt allerdings auch komisch.

Gleichzeitig herrscht bei den Pluralbildungen das reinste Chaos. Das Wort *der Akt* (= Schriftstücke) hat nämlich folgende Formen in der Einzahl bzw. Mehrzahl:

1. Fall, Singular: der Akt	1. Fall, Plural: die Akten
2. Fall, Singular: des Akts	2. Fall, Plural: der Akten
3. Fall, Singular: dem Akt	3. Fall, Plural: den Akten
4. Fall, Singular: den Akt	4. Fall, Plural: die Akten

Es wird also nach dem Muster *der Staat/die Staaten, der Strahl/die Strahlen* dekliniert. Im deutschen Deutsch, wo es in der Einzahl *die Akte* heißt, sehen die Mehrzahlformen genauso aus:

1. Fall, Singular: die Akte	1. Fall, Plural: *die Akten*
2. Fall, Singular: der Akte	2. Fall, Plural: der Akten
3. Fall, Singular: der Akte	3. Fall, Plural: den Akten
4. Fall, Singular: die Akte	4. Fall, Plural: *die Akten*

Anders lautet hingegen die Mehrzahl von *der Akt* (= Abbildung eines nackten Körpers):

1. Fall, Singular: der Akt	1. Fall, Plural: *die Akte*
2. Fall, Singular: des Akts	2. Fall, Plural: der Akte
3. Fall, Singular: dem Akt	3. Fall, Plural: den Akten
4. Fall, Singular: den Akten	4. Fall, Plural: *die Akte*

Ein Finanzpolitiker kann also nur für die Herausgabe von *Steuerakten* (mit n!) eintreten – egal ob in Österreich oder in Deutschland. Und einen Koalitionskrach kann es nur um geschwärzte *Steuerakten* (mit n!) geben, egal ob in Österreich oder in Deutschland. Die fehlenden n sind simple Endungsfehler, sie haben mit dem Sprachunterschied zwischen dem österreichischen Deutsch und dem deutschen Deutsch überhaupt nichts zu tun.

Man könnte es auch so sehen: Durch das fehlende n verwandelt sich die Bedeutung des Wortes von »Sammlung amtlicher Schriftstücke« zu »Abbildung eines nackten Körpers«! Es ist merkwürdig: Während die einen *»der Akt* Steininger« und *»der Akt* Kartnig« vermeiden, weil sie eine Zweideutigkeit befürchten, schaffen die anderen durch einen Endungsfehler sogar eine Eindeutigkeit im Sinn von »Abbildung eines nackten Körpers«. Mit »geschwärzte *Akte*« können nämlich nur Bilder gemeint sein (von Arnulf Rainer übermalt?) oder Bühnentexte (stark eingekürzt?). Würde es sich um gesammelte Schriftstücke einer Behörde handeln, hätte es »die geschwärzten *Akten*« heißen müssen.

Manchmal ist unsere Sprache ganz schön knifflig. Wer allerdings seinem Sprachgefühl folgt, wird in diesem Fall keinen Fehler machen. Wenn Abteilungsinspektor Trautmann die Unterlagen zu einem Mordfall durchackert, dann wird er ganz spontan sagen: »Ich hab *den Akt* (nicht: *die Akte)* in- und auswendig gelernt …« Geht es um mehrere Mordfälle, wird er sagen: »Ich hab *die Akten* (nicht: *die Akte)* in- und auswendig gelernt …« Trautmann kann ja Deutsch. Er würde auch in den anderen Fällen keine Fehler machen. Lässt ein EADS-Lobbyist die Hose runter, um sein nacktes Hinterteil vor den Fotografen zur Schau zu stellen, dann verwendet er die Form *der Akt/die Akte*. Dass das gleichzeitig ein Akt der Unhöflichkeit ist, wird ihn nicht besonders aufregen.

Angesagt *oder* in

»Wir verlosen eine Woche im *angesagtesten* Hotel der Stadt.«
Werbeslogan auf »Radio Energy«, Wien

Anfang der 1960er-Jahre ist im Englischen *to be in* (= in Mode sein, dem Trend entsprechen) aufgekommen. Es hat nicht lange gedauert und die Wendung ist eins zu eins ins Deutsche entlehnt worden. Es war *in,* Miniröcke zu tragen, die Musik der Beatles zu hören, ein Poster von Andy Warhol an die Wand zu hängen. Viele Zeitungen druckten in regelmäßigen Abständen *In-* und *Out-Listen* ab – als Wegweiser für die nach Orientierung lechzende Leserschaft.
Das alles gehört der Vergangenheit an. Inzwischen hat sich nämlich ein anderes Wort den Platz von *in* erobert: *angesagt.* Was könnte *in* für sich ins Treffen führen? »Mich gibt es schon seit 50 Jahren, ich bin also im besten Alter!«
Ein Argument, das bei *angesagt* nur ein müdes Lächeln hervorrufen würde: »Aber genau das ist ja dein Problem! Du schaust alt aus! Wer cool ist, der verwendet mich!«
»Papperlapapp«, würde *in* sagen. »Mein Vorteil besteht darin, dass man mich auch ins Gegenteil wenden kann. Der eine ist *in,* der andere *out.* Aber was ist das Gegenteil von *angesagt?*«
»Du bist ein Anglizismus! Viele beklagen sich ja, dass wir

mit Ausdrücken aus den USA und aus England überschwemmt werden! Ich stamme hingegen von *ansagen* ab. Genau genommen bin ich das zweite Partizip dieses guten alten Zeitworts. Wenn etwas *angesagt* ist, dann ›ist es im Schwange, in Mode, sehr gefragt, begehrt‹. Du findest mich schon im ›Großen Duden-Wörterbuch der deutschen Sprache‹ aus dem Jahr 1993! Ich bin also nicht mehr feucht hinter den Ohren, wirklich nicht!«

»Aber dass du dich auch noch steigern kannst: *angesagt, angesagter, am angesagtesten!* Auch das Korrekturprogramm von ›Word‹ revoltiert gegen diesen Superlativ. Wenn jemand *angesagtest* schreibt, dann wirst du sofort mit einer roten Wellenlinie unterstrichen. Soll heißen: Das ist falsch! Mir ist hingegen noch nie eine rote Wellenlinie passiert!«

»Ich habe nichts gegen Superlative. Superlative sind urcool. Die Menschen sehen das genauso. Überall bilden sie neue und ungewöhnliche Superlative. Sie sagen *in keinster Weise,* weil ihnen *auf keinen Fall* zu schwach vorkommt.«

»*In keinster Weise?* Da bist du ja in eine schöne Gesellschaft geraten! Wie kann man von *kein* einen Superlativ bilden?«

So haben sie sich noch stundenlang gestritten. Dem Wort *in* sind allmählich die Argumente ausgegangen, während dem Wort *angesagt* immer wieder etwas Neues eingefallen ist: »Schau, ich bin einfach *angesagter* als du!«

Dem konnte *in* nichts entgegensetzen.

Bislang *oder* bisher

»Maier holte *bislang* 53 Weltcupsiege, Assinger insgesamt vier. Maier eroberte vier Olympia- und sechs WM-Medaillen. Assinger keine.«
Posting auf www.dvd-forum.at

»Zur *bislang* größten Katastrophe der Raumfahrt kam es am 28. Jänner 1986, als die Challenger 73 Sekunden nach dem Start explodierte und fünf Astronauten und zwei Astronautinnen starben.«
science.orf.at

»Durch diese *bislang* größte EU-Erweiterung wird eine Vision Realität: die endgültige Überwindung der Trennung Europas nach dem Zweiten Weltkrieg.«
Univ.-Doz. Dr. Josef Christl auf einer Konferenz der Oesterreichischen Nationalbank

Es ist merkwürdig: Bei großen Überschwemmungen oder dramatischen Sturmschäden bemühen Journalisten sofort das Kürzel »Jahrhundertkatastrophe« – obwohl wir gerade am Beginn eines neues Jahrhunderts stehen. Wer kann wissen, dass es die größte Katastrophe des Jahrhunderts bleiben wird, dass keine größere auf uns zukommt?
Andererseits stopfen sie in jeden zweiten Satz ein relativierendes *bislang* hinein. Damit wird signalisiert, dass ein

bestimmtes Ereignis »nur bis zum gegenwärtigen Zeitpunkt« das Attribut der Superlative verdient. In der Zukunft könne es von einem noch größeren übertroffen werden.

Als der ehemalige Skirennläufer Armin Assinger den sogenannten Herminator heftig kritisierte, startete die Maier-Fangemeinde einen Entlastungsangriff: »Maier holte *bislang* 53 Weltcupsiege, Assinger insgesamt vier. Maier eroberte vier Olympia- und sechs WM-Medaillen. Assinger keine.« Mit anderen Worten: Assinger soll den Mund halten.

In diesem Fall wird *bislang* aber wenigstens mit einer gewissen Berechtigung eingesetzt. Hermann Maier ist aktiver Skirennläufer, er kann weitere Rennsiege erringen. Armin Assinger ist Sportkommentator, Quizmaster und ein Werbeträger, um den sich alle reißen. Da er sich aus dem Rennzirkus ein für alle Mal verabschiedet hat, ist klar, dass er auch in Zukunft weder WM- noch Olympia-Medaillen für Österreich herausfahren wird.

In der Sportberichterstattung kann es hin und wieder sinnvoll sein, ein Wort zu verwenden, das eine zeitliche Einschränkung im Sinn von »bis jetzt« gewährleistet – solang ein Rennen noch nicht aus oder der Weltcup noch nicht entschieden ist. Interessanter ist ein anderes Beispiel, ich habe es auf der Wissenschaftswebsite des ORF gefunden, unter dem Titel »40 Jahre Raumfahrt«: »Zur *bislang* größten Katastrophe der Raumfahrt kam es am 28. Jänner 1986, als die Challenger 73 Sekunden nach dem Start explodierte und fünf Astronauten und zwei Astronautinnen starben.« Wenn ein Journalist den Challenger-Absturz mit dem Wort *bislang* versieht, dann nimmt er die Rolle der Kassandra ein: »Ich sage euch, eines Tages wird es eine noch größere Katastrophe geben!« Da die Raumfahrt noch in den Kinderschuhen steckt, wird die Prophezeiung irgendwann einmal wahr werden. Bevor *bislang* zu einem Modewort im Journalismus geworden ist, hätte man den Sachverhalt ohne pessimistischen Unterton formuliert: »Das größte Unglück in der Geschichte der Raumfahrt geschah am 28. Jänner 1986, als die Challenger …«

Ein drittes Beispiel zeigt, wie gedankenlos der Ausdruck *bislang* manchmal verwendet wird.

Univ.-Doz. Dr. Josef Christl hat vor einiger Zeit auf einer Konferenz der Oesterreichischen Nationalbank ein Referat gehalten. Das Internet ist gnadenlos, man kann den Text noch heute Wort für Wort nachlesen. Christl würdigt die »*bislang* größte EU-Erweiterung«. Dadurch werde eine Vision Realität, »die endgültige Überwindung der Trennung Europas nach dem Zweiten Weltkrieg«. Wenn die letzte EU-Erweiterung die *bislang* größte gewesen ist, welche größeren Erweiterungen stehen uns dann noch bevor?

Im Internet findet man Belege wie Sand am Meer. »An meinen ersten und *bislang* letzten Besuch in der Mensa kann ich mich noch gut erinnern«, schreibt ein Student. Vermutlich will er sagen: »In der Mensa war ich ein Mal und nie wieder.«

»Jede Vorstellung war *bislang* ausverkauft«, heißt es in der Berichterstattung über ein Theaterstück. Wenn eine Vorstellung ausverkauft ist, dann ist sie aber für immer ausverkauft. Es sollte also heißen: »Jede (bisherige) Vorstellung war ausverkauft.« In Deutschland wird *bislang* inzwischen sogar attributiv verwendet: »seine *bislangen* Erfahrungen« statt »seine bisherigen Erfahrungen«. Sprachkritiker kämpfen vergeblich dagegen an.

Wir haben es bei *bislang* mit einem relativ jungen Wort zu tun. Als Jacob Grimm diesen Ausdruck 1860 in sein »Deutsches Wörterbuch« aufnahm, schrieb er zur Erläuterung: »Es fehlt ganz in den Wörterbüchern, ist aber im Munde der Geschäftsleute, namentlich im Hannöverischen sehr beliebt.« Ein Sprachpfleger schrieb 1965 in der Zeitschrift »Der Sprachwart« über *bislang:* »Dieser Neuankömmling gibt sich redliche Mühe, hoffentlich vergebliche, das klassische Wort *bisher* zu verdrängen. ... Es dürfte sich empfehlen, diesen unsicheren Kantonisten wieder laufen zu lassen.«

Das wird nicht gehen. Dr. Werner Scholze-Stubenrecht, Stellvertretender Leiter der Dudenredaktion, weist zurecht darauf hin, dass sich seit 1965 die Lage verändert hat. »Heute ist das Wort im deutschsprachigen Raum so allgemein verbreitet, dass wir die Markierung ›landschaftlich‹ (= nur regional verbreitet) aus unseren Wörterbüchern entfernen werden.« Das ist die *bislang* schlechteste Nachricht für *bisher.*

Bonbon *oder* Zuckerl

»Jetzt neu: ›Nimm 2 soft‹ – das erste *Kaubonbon* von ›Nimm 2‹ in den 4 fruchtigen Sorten Erdbeere, Kirsche, Orange und Zitrone – gefüllt mit köstlichem Fruchtsaft!«
www.nimm2.at

»*Wiener Zuckerl* – Köstlich gefüllte *Fruchtbonbons,* mit Fruchtmark gefüllt.«
Aufschrift auf einem traditionellen Produkt von »Englhofer«

Die *Zuckerln* von Englhofer erinnern mich an meine Kindheit. Ich weiß nicht, ob ich sie wegen des fruchtigen Geschmacks so gern gehabt habe oder eher wegen des Belohnungsfaktors. Heute esse ich kaum noch Zuckerln. Als ich mich unlängst im Supermarkt umschaue, ob es meine Kindheitserinnerungen noch zu kaufen gibt, finde ich »Wiener Zuckerl von Englhofer«. Und was steht sonst noch auf der Verpackung? »Köstlich gefüllte Fruchtbonbons!« Nie im Leben hätte ich mir als Kind ein *Bonbon* gewünscht, immer nur *Zuckerln.* Die Kärntner Kinder im Ferienlager wollten *Zuckerle,* die Westösterreicher *Zuckerli.* Nur die Tiroler hatten dafür ein eigenes Wort: *Guatl.* Die Süße zum Lutschen wird allerdings nur im Wort *Zuckerl* manifest, nicht im Ausdruck *Bonbon.* Ich habe es nachgeschlagen: *Zuckerl* ist im 13. Jahrhundert aus italienisch *zucchero* entlehnt worden. Als Herkunftswort gilt das altindische *sarkara* (= »Sandzucker«, eigentlich Kies, Geröll). *Bonbon* ist hingegen französische Babysprache, wer ins Deutsche übersetzt, landet bei einem banalen »Gut! Gut!« – aus dem Alter waren wir damals schon heraus. Interessant ist nur, dass die Tiroler und die Franzosen, einst am Schlachtfeld erbitterte Gegner, in diesem Fall terminologisch konform gehen. Nur dass die Landsleute Andreas Hofers noch eine Verkleinerungsform gebildet haben: *Guatl.*

Ich habe übrigens im Supermarkt nachgeschaut – was gibt es denn sonst noch so an Süßigkeiten zum Lutschen? Neben »Wiener *Zuckerl* von Englhofer« fanden sich Unmengen an *Kaubonbons, Fruchtbonbons, Sahnebonbons …*

Zuckerln gibt es nicht nur in Österreich, sondern auch in Bayern. Die Deutschen außerhalb Bayerns sagen mehrheitlich *der Bonbon,* sie sprechen das Wort meist so aus, wie wenn es *Bongbong* geschrieben wäre. Bei uns (und auch in Bayern) ist hingegen die Neutrumform üblich: *das Bonbon.* Die Aussprache ist im österreichischen Deutsch entweder nasaliert oder das Wort wird ohne Nasallaut wie *Bombon* ausgesprochen. In letzter Zeit ist es bei uns zu einer feinen Unterscheidung in der Bedeutung gekommen. Eine Süßigkeit zum Lutschen nennen wir *Zuckerl;* eine gefüllte Süßigkeit, die mit Schokolade überzogen ist und eventuell aus einer Bonbonniere stammt, nennen wir *Bonbon* (oder *Pralinee).*

Kleine Nachbemerkung: Ich schreibe die Mehrzahl von *Zuckerl* immer mit n, weil ich finde, dass sich das so gehört. Die

Redakteure des »Österreichischen Wörterbuchs« sehen das genauso, aber weil die meisten Österreicher bei derartigen Verkleinerungsformen das n verschlucken, will es niemand mehr zur Regel erheben. Aber verboten ist das n noch nicht, wie die Eintragung im »Österreichischen Wörterbuch« beweist: *Zuckerl das, -s/-(n).* »Wiener *Zuckerl*« ohne n steht übrigens auch auf der Verpackung von Engelhofer. Vielleicht sind die schuld dran, dass das n nicht mehr vorgeschrieben ist?

Bordrestaurant *oder* Speisewagen

»In einem eigenen Restaurantwagen befindet sich das *Bordrestaurant* – hier bedient Sie das Servicepersonal – sowie der *Bordtreff* mit Selbstbedienung ... Der *Bordtreff* im Bistrostil ist Anlaufpunkt für einen Kaffee oder einen Snack zwischendurch ... An jedem Sitzplatz können über Kopfhörer 3 *bordeigene* Audioprogramme empfangen werden.«

Information des »Verkehrsbüros« über den Intercity-Express der »Deutschen Bahn«

B

Wir haben uns daran gewöhnt, dass die Ausdrücke der Schifffahrt auf den Flugverkehr übertragen worden sind. Wir fahren zum *Flughafen, gehen an Bord,* freuen uns über die *Bordverpflegung* – wenn es noch eine gibt. Die ersten Fluggeräte für eine größere Zahl von Passagieren hießen sogar *Luftschiffe.*
Der Ausdruck *board* hat im Englischen ursprünglich »Seite des Schiffes« bedeutet, er ist verwandt mit *border* (= Grenze). Ein ganz anderes Wort ist *bord* (= Brett), im übertragenen Sinn ist damit »Essen, Verpflegung« gemeint. Die zwei Wörter haben sich im Englischen schon früh so stark vermischt, dass sie bald nicht mehr auseinanderzuhalten waren. Ganz anders funktionieren die Begriffe des Bahnwesens. Vorläufer der Bahn waren von Pferden gezogene Wagen, viele Bahnbegriffe sind daher aus dem Kutschenwesen übernommen worden. Deshalb sagen wir auch *Station* und nicht *Bahnhafen* oder *Zughafen,* und auch *Waggon* und *Speisewagen.*
Die »Deutsche Bahn« will nun die Terminologie des Flugverkehrs auf das Bahnwesen übertragen. In Deutschland kauft man die *Tickets* nicht mehr am *Schalter,* sondern am *Counter.* Man geht nicht mehr in den *Speisewagen,* sondern in das *Bordrestaurant.* Am Sitzplatz hört man über Kopfhörer *bordeigene Audioprogramme* – das alles ist ziemlich lächerlich. Die »Österreichischen Bundesbahnen« sind gerade dabei, es dem großen deutschen Bruder nach und nach gleichzutun. Wahrscheinlich werden sie sich nicht abhalten lassen.

Canceln *oder* streichen *oder* stornieren

> **»Die ›Styrian Spirit‹ hat noch in der Nacht alle für Freitag vorgesehenen Flüge *gecancelt*.«**
> *steiermark.orf.at*

> **»Habe die Bestellung nun per E-Mail *gecancelt* und woanders bestellt.«**
> *www.geizhals.at*

Müssen wir uns damit abfinden, dass Flüge nicht mehr *gestrichen* und dass Bestellungen nicht mehr *storniert* werden? Dabei sträubt sich das englische Wort einer Eindeutschung: ich *cancel,* du *cancelst,* er/sie/es *cancelt,* wir *canceln,* ihr *cancelt,* sie *canceln* – die Formen sind gewöhnungsbedürftig. Dazu kommt die Unsicherheit, wie man den Stammvokal aussprechen soll: So wie im englischen Orignal mit ä? Oder eingedeutscht mit a? Selbstverständlich kann man *stornieren* nur eingeschränkt als ein deutsches Wort bezeichnen, aber wir haben es immerhin schon im 18. Jahrhundert als fachsprachlichen Ausdruck übernommen und inzwischen ist es uns ans Herz gewachsen. Der Ausdruck ist entlehnt aus italienisch *stornare,* dieses geht vermutlich zurück auf *extornare* (= ausdrehen), doch ist dieses Wort nicht belegt.

C

Das nachgewiesene *tornare* (= drehen, drechseln) hat griechische Wurzeln. Die Engländer haben ihren Ausdruck *to cancel* schon im Mittelalter von lateinisch *cancellare* übernommen. Dieses Zeitwort geht zurück auf das Hauptwort *cancellus* (= Gitter), eine Verkleinerungsform zu *cancer* (= gekreuzte Stäbe). Die neue Bedeutung »auskreuzen« ist deshalb entstanden, weil ein x-förmiges Zeichen, mit dem etwas ausgestrichen wird, an zwei gekreuzte Stäbe erinnert. Ich habe übrigens schon vor einiger Zeit das Wort *canceln* aus meinem Wortschatz gestrichen. Eigentlich geht mir nichts ab.

Card *oder* Karte

»Die *E-Card* ist der Schlüssel zum Gesundheitssystem.«
Text auf der Website der »Sozialversicherungs-Chipkarten Betriebs- und Errichtungsgesellschaft«

»Mit der *OBI-Biber-Bonus-Card* genießen Sie nicht nur jede Menge Einkaufs- und Servicevorteile, sondern erhalten auch Ihren persönlichen Zugang zum OBI-Biber-Treff.«
www.obi.at

Inzwischen habe ich schon so viele Karten, dass ich nicht mehr weiß, wohin damit: eine Bankomatkarte, zwei Kreditkarten, eine grüne Sozialversicherungskarte, eine Bonuskarte für den Supermarkt, eine weitere für den Heimwerkermarkt und was weiß ich noch alles.

Die meisten heißen nicht *Karte,* sondern *Card.* Ob die englische Version des Wortes moderner klingt? Die Zeitersparnis zwischen dem englischen Einsilber und dem deutschen Zweisilber ist jedenfalls minimal.

Beide Wörter sind aus dem Französischen entlehnt. In Frankreich hat *carte* so viel wie »steifes Blatt« bedeutet. Wenn der Lateiner *c(h)arta* hört, denkt er an »Papyros«, »Papier«, »(beschriebenes) Blatt«, »Schrift«, »Urkunde«, »Spielkarte«, »Buch«, »Gedicht« – also alles, was unsere Kultur ausmacht.

Letztlich hat das Wort *Karte* genauso wie *card* ägyptische Wurzeln. Dort ist im 4. Jahrhundert vor Christus *Papyros* erfunden worden – im Altertum der wichtigste Rohstoff zum Beschreiben, der Vorläufer unseres *Papiers* – und mit ihm auch etymologisch verwandt. Das altägyptische *pa-peraa* hat »zum Pharao gehörig« bedeutet, das signalisiert, dass die Papierherstellung aus der Papyrus-Staude im alten Ägypten ein königliches Monopol war. Wahrscheinlich haben schon die Ägypter für ein »kleines steifes Blatt Papier« einen eigenen Ausdruck gehabt, und aus diesem ist dann über das Griechische, das Lateinische und das Französische *Karte* und *card* geworden.

Kleine Nachbemerkung: Die Schreibung auf der grünen Sozialversicherungskarte ist falsch: Es heißt nicht *eCard* oder *e-Card,* sondern *E-Card* – genauso wie *E-Mail* und *E-Government* etc. Und bei meinem letzten Arztbesuch hat die falsch beschriftete Karte auch noch ihren Dienst verweigert ...

Coffeehouse *oder* Kaffeehaus

»Im *Starbucks Coffeehouse* genießt der Gast die *Starbucks Experience ...* Zusätzlich zum großen Angebot an warmen und kalten Kaffeegetränken werden die Gäste im *Starbucks Coffeehouse* auch mit einem köstlichen Angebot an österreichischen und internationalen Mehlspeisen wie Muffins, Donuts und saisonalen Spezialitäten von lokalen Lieferanten verwöhnt. *Starbucks Coffeehouses* sind Kaffeehäuser mit Lounges, die zum gemütlichen Verweilen einladen. *Starbucks* ist der *third place,* der drittwichtigste Ort neben Zuhause und Büro, zum Kaffeetrinken, Freunde treffen, Zeitung lesen, relaxen ...«
www.starbucks.at

Am Anfang war das *Kaffeehaus.* Ausgehend von Konstantinopel wurden die ersten Kaffeehäuser Europas in Venedig (1645), London (1652), Marseille, Hamburg (1671) und Paris (1672) eröffnet. Und wann ist Wien gefolgt?

Das erste Wiener Kaffeehaus ist nicht unmittelbar nach der 2. Türkenbelagerung (1683) von Georg Kolschitzky begründet worden, sondern 1685 von einem Griechen namens Johannes Diodato.

Die Legende, dass Kolschitzky als Dank für seine Kundschaftertätigkeit eine Kaffeehauskonzession erhalten habe, ist hundert Jahre später entstanden.

Ursprünglich hat es im deutschen Wortschatz nur den Ausdruck *Kaffeehaus* gegeben. Erst im 18. Jahrhundert ist der französische Begriff *café* ins Deutsche übernommen worden. Das Wort *café* hat im Französischen ein männliches Geschlecht, und deshalb hat man im Deutschen nicht nur zum Getränk, sondern auch zu dieser Einrichtung zunächst *der Café* gesagt. Es hieß also »Ich gehe jetzt in den Café!« – so wie wir heute sagen »Ich gehe jetzt in den Supermarkt!« Das nächste Kapitel der Kaffeehaus-Terminologie wurde in Deutschland geschrieben. Dort hat das französische Wort *der Café* den Ausdruck *Kaffeehaus* allmählich verdrängt. Die Besucher dieser Einrichtung haben aber noch immer an ein *Haus* gedacht, und dieses ist sächlich: *das Haus.* Deshalb hat sich das Wort *Café* einer grammatikalischen Geschlechtsumwandlung unterzogen, von männlich auf sächlich: *das Café.* Nur das Getränk selbst ist

männlich geblieben: *der Café.* Zur besseren Unterscheidung hat man den Namen des Getränks eingedeutscht: *der Kaffee.* Seither unterscheidet man zwischen *der Kaffee* (= das Getränk) und *das Café* (= die Lokalität). Nur in Österreich ist *Kaffeehaus* der Standardausdruck für diese Einrichtung geblieben. »Treffen wir uns im *Kaffeehaus?*«, sagt man in Wien, wenn man sich im *Café* Bräunerhof, im *Café* Sperl oder im *Café* Museum treffen will, um hier nur drei der zahlreichen Kaffeehäuser Wiens zu nennen. Wobei die Kaffeehauskultur ja nicht auf die Bundeshauptstadt beschränkt ist. So gibt es beispielsweise auch in Salzburg klassische Kaffeehäuser wie das *Café* Glockenspiel oder das *Café* Tomaselli. Die Beispiele zeigen eines: Wir gehen zwar *ins Kaffeehaus,* wenn jedoch der Name eines speziellen Kaffeehauses gemeint ist, dann sagen wir: Ich gehe ins *Café* Bräunerhof, ins *Café* Sperl usw. Seit einiger Zeit gibt es in Österreich auch die Filialen von »Starbucks« – und diese sind nach Eigendefinition ein *Coffeehouse.* Womit zwei unterschiedliche Begriffe in Konkurrenz zueinander stehen, aber nicht dasselbe bedeuten.
Die Einrichtung eines klassischen *Kaffeehauses* besteht aus schwarzen Bugholzsesseln, mit Stoff bezogenen Bänken und kleinen Marmortischen. Ein Ober bringt auf Wunsch auch Kaffee in den klassischen Zubereitungsarten: »Melange«, »Einspänner«, »Kapuziner« etc. Außerdem liegen Zeitungen und Magazine auf.
Bei einem *Coffeehouse* haben wir eine Filiale von »Starbucks« vor Augen: modernes Ambiente, Selbstbedienung, Hinter-

grundmusik, aromatisierte Kaffeegetränke in Pappbechern; getrunken wird mit Strohhalm.

Um das weltweit expandierende *Coffeehouse* brauchen wir uns keine Sorgen zu machen. Um das *Kaffeehaus* vor dem Aussterben zu bewahren, gibt es nur ein Rezept: Hingehen!

Cone *oder* Tüte *oder* Stanitzel

»Carpe Diem und Jörg Wörther verwöhnen Sie ab sofort mit einer kulinarischen Innovation … Überraschend ist nicht nur die Art der Darbietung in knusprigen *Cones* oder als neu interpretierte Fingerfood-Klassiker, sondern auch die Vielfalt an Gerichten.«

Webauftritt des Restaurants »Carpe Diem«, Salzburg

»Auch dieses Jahr versüßte das Hitradio Ö3 wieder allen Taferlklasslern mit der *Ö3-Schultüte* den Start in den Ernst des Schullebens.«

www.orf.at

»*Stanitzel* mit Erdbeer-Obers-Füllung in zwei Varianten.«

www.orf.at

C

Drei Ausdrücke, drei Welten! Und ein Kampf jeder gegen jeden! Immer geht es um trichterförmige Utensilien, in denen etwas zum Konsum aufbewahrt wird.
Da ist einmal *Cone,* das neueste Wort in dieser Gruppe. Die Engländer haben es Mitte des 16. Jahrhunderts von lateinisch *conus* entlehnt, es geht zurück auf griechisch *konos* (= Kegel, Pinienzapfen). Im Deutschen wird *Konus* und *konisch* nur im technischen Bereich verwendet. Das aus dem Englischen entlehnte *Cone* findet hingegen Eingang in die Sprache der Gastronomie.
Dann das norddeutsche Wort *Tüte:* Es wird seit dem 16. Jahrhundert im Sinn von »Papiertüte« verwendet, geht zurück auf ein lautmalendes *tute* (= Instrument zum Blasen).
Nicht zuletzt das Wort *Stanitzel:* Es ist italienischen Ursprungs, leitet sich von *scarnuzzo* ab. Mitte des 18. Jahrhunderts war in Wien noch die Schreibung *Skarniz* mit der Verkleinerungsform *Skarnizel* in Gebrauch. Ausdrücke mit ähnlicher Lautung sind in slawischen Sprachen zu finden. Dass im Deutschen aus dem anlautenden *ska-* ein *sta-* geworden ist, kann nicht verwundern. Es trägt dazu bei, dass wir das Wort leichter aussprechen.
Und was können wir mit den drei Ausdrücken anfangen? Bekannt sind die kleinen *Stanitzel* aus Papier, in denen in Wien im Winter die Maroni verkauft werden. Weiter im Westen ist das Wort nicht so oft zu hören. Die *Eistüte* beginnt dem *Stanitzel mit Eis* allmählich den Rang abzulaufen.

Und die trichterförmigen Behälter aus Karton, mit denen Erstklassler am ersten Schultag beschenkt werden, hießen ursprünglich nur in Deutschland *Schultüten*. Sie gehen zurück auf einen Brauch, der sich bis ins 19. Jahrhundert zurückverfolgen lässt. Mit *Storchentüten* trösteten in manchen Gegenden Mitteldeutschlands die Eltern ihre Kinder, wenn sich neuer Nachwuchs in der Familie eingestellt hatte. Stanitzel für Erstklassler sind in Österreich in der Zeit des Nationalsozialismus aufgekommen, haben sich aber zunächst keiner großen Beliebtheit erfreut. Mit einheitlichen *Schultüten* wollte man ab 1940 den Auswüchsen teurer Geschenke vorbeugen und einen Beitrag zur sozialen Gleichheit leisten. In der Tat dauerte es dann bis in die 1970er-Jahre, ehe sich dieser Brauch in Österreich durchsetzen konnte. Die *Schultütenaktionen* von Ö-3 haben diesen Trend verstärkt.

Downloaden *oder* herunterladen

»Neue Updates sind verfügbar. Klicken Sie hier, um diese Updates *zu downloaden.* – Wählen Sie die Updates aus, die *gedownloadet* werden sollen. – Dateien werden *gedownloadet …*«

Informationen beim Herunterladen eines Windows-Updates

Ein *Computer* war ursprünglich ein Rechner – aber kein Gerät, das rechnet, sondern ein rechnender Mensch. Mit dem Begriff, abgeleitet vom Verb *to compute* (= rechnen), hat man im Mittelalter Menschen bezeichnet, die umfangreiche und langwierige Berechnungen vornahmen, zum Beispiel in der Astronomie.

In der Namensgebung eines technischen Gerätes taucht das Wort erstmals 1946 auf. Im Februar des genannten Jahres ist der *Electronic Numerical Integrator and Computer* (kurz ENIAC), hergestellt im Auftrag der US-Armee, der Öffentlichkeit vorgestellt worden. Der erste *Personal Computer* der Welt geht auf das Konto von »Xerox PARC«, er ist 1973 der Öffentlichkeit vorgestellt worden. Vier Jahre später hat die Firma »Apple« den »Apple II« auf den Markt gebracht.

Die Computer sind also eine amerikanische Erfindung, daran ist nicht zu rütteln. Deshalb herrscht vielfach die Meinung vor, dass wir es in diesem Bereich mit einer wahren

Flut von angloamerikanischen Lehnwörtern zu tun haben. Bei genauem Hinsehen ist dieses Argument aber nicht aufrechtzuerhalten. Wenn ich »Word« starte, öffnet sich eine Menüleiste mit den Begriffen *Datei, Bearbeiten, Ansicht, Einfügen, Format, Extras, Tabelle und Fenster* – wo ist da ein englisches Wort? Wenn ich *Bearbeiten* anklicke, komme ich zu *Ausschneiden, Kopieren, Einfügen, Alles markieren, Suchen* ... Es ist also alles sorgfältig vom Englischen ins Deutsche übersetzt worden, die englischen Originalausdrücke sind mir in den meisten Fällen gar nicht bekannt.

Ärger bereiten nur ganz wenige Ausdrücke, doch auf diese fokussiert sich unser ganzes Unbehagen. So wollte »Microsoft« lange Zeit nicht zur Kenntnis nehmen, dass sich das Verbum *herunterladen* inzwischen eingebürgert hat. Während sich der Konkurrent »Apple« längst für *laden* entschieden hat (auf die Unterscheidung zwischen *herunterladen* und *hinaufladen* wird bewusst verzichtet), hat man bei »Microsoft« starrköpfig an *downloaden* festgehalten – und noch dazu mit grammatikalisch falschen Formen.

So wird in der Wendung »klicken Sie hier, um die Updates *zu downloaden*« der Infinitiv falsch gebildet, der Satz »wählen Sie die Updates aus, die *gedownloadet* werden sollen« enthält ein falsch gebildetes Partizip. Gleiches gilt für »Dateien werden *gedownloadet*«.

Grammatikalisch richtig wäre »klicken Sie hier, um die Updates *downzuloaden*«, »wählen Sie die Updates aus, die

D

downgeloadet werden sollen« und »*Dateien werden downgeloadet*«. Das entspricht den Konjugationsregeln der deutschen Sprache. Aber wenn wir mit *herunterladen* ohnedies über eine brauchbare Lehnübersetzung verfügen, warum müssen wir uns dann mit einem englischen Originalausdruck herumschlagen, der schwer einzudeutschen ist? Das hat schließlich auch Microsoft eingesehen. Das Unternehmen hat vor kurzem auf die Kritik an *downloaden* reagiert und schreibt nun für neue und aktualisierte Publikationen und Produkte die Form *herunterladen* vor.

Auch in vielen anderen Fällen gibt es brauchbare deutsche Ausdrücke – sie würden es sich verdienen, stärker beachtet zu werden. Meist sind sie anschaulicher als das fremdsprachige Original.

Auf Wikipedia habe ich einen gut gewählten Beispielsatz gefunden: »Ich musste die *Harddisk* neu formatieren, weil der falsch gesteckte *Jumper* zur Daten*korruption* geführt hat und die Maschine ge*crasht* ist.« Dieser Satz wird bei einem Laien Kopfschütteln auslösen. Dann bringt Wikipedia zum Vergleich eine Version mit den deutschen Ausdrücken: »Ich musste die *Festplatte* neu formatieren, weil eine falsch gesetzte *Steckbrücke* zu *Datenverlust* geführt hat und die Maschine *abgestürzt* ist.« In diesem Fall wird sich auch ein Laie etwas vorstellen können. Oder ist das gar nicht erwünscht?

Beispiele für gelungene Übersetzungen im EDV-Bereich:

Betriebssystem statt *operating system*
Fehlerbehebung statt *debug*
Festplatte statt *hard disk*
Hauptplatine statt *mother board*
hochfahren (eines Betriebssystems) statt *to boot*
Pufferspeicher statt *cache*
Schnittstelle statt *interface*
Steckbrücke statt *jumper*
Systemkern statt *kernel*
Zugriff statt *access*

Die meisten dieser Fachausdrücke spielen beim tagtäglichen Gebrauch keine Rolle. Aber wehe, wenn das Windows-Betriebssystem abstürzt! Ich habe unlängst nur so gestaunt, was einem in weißer Schrift auf blauem Grund zugemutet wird (»Blue Screen« heißt dieser Schrecken aller PC-Besitzer). Es beginnt mit *A problem has been detected and windows has been shut down, to prevent damage to your computer* … und dann muss man sich mit Fachausdrücken wie *kernel, mother board* und *data corruption* herumschlagen. Kleine Nachbemerkung: Der Ausdruck *data corruption* ist eine Übersetzungsfalle. Er geht auf die wörtliche Bedeutung von *to corrupt* zurück (= beschädigen), nicht auf die übertragene (= bestechen, korrumpieren). Herkunftswort ist das lateinische *corrumpere* (= verderben, verführen, zu Schande machen, vernichten) aus *con* (= mit) und *rumpere* (= reißen, zerbrechen). Das Gegenstück im Deutschen ist also nicht *Datenkorruption*, sondern *Datenverlust*.

Ecke treten *oder* Corner schießen

> **»Ich mag nicht hören, dass der Flügelstürmer Horak *eine Ecke tritt;* er soll, wie seinerzeit Pesser, *einen Corner schießen.«***
>
> *Herbert Eisenreich in der Zeitschrift »FORVM«, Juni 1960*

Offensichtlich sind auch damals die stärkeren Eindeutschungen als ein Wesenselement der bundesdeutschen Reportersprache empfunden worden. In Österreich verwenden wir in vielen Fällen die englischen Originalausdrücke. Wenn der Ball über die Seitenlinie rollt, dann ist er bei uns *im Out*, in Deutschland *im Aus*. Dass man den *Schiedsrichter* auch *Referee* nennen kann, betrachten wir als eine liebevolle Abwechslung, richtig herzig ist *Goalie* für *Tormann.* Auch *Hands* statt *Handspiel* und *Penalty* statt *Elfmeter* verkraften wir problemlos.

Warum sind in Deutschland die englischen Ausdrücke aus der Fußballersprache eliminiert worden? Als sich dieser Sport von England aus in alle Länder Europas ausgebreitet hat, ist der »Allgemeine Deutsche Sprachverein« besonders aktiv gewesen. Sein Ehrgeiz war es, Fremdwörter und Lehnwörter durch echte deutsche Ausdrücke zu ersetzen. Konrad Koch, ein Gymnasiallehrer aus Braunschweig, veröffentlichte 1903 in der Zeitschrift dieses Sprachpflegevereines einen Artikel mit dem Titel »Deutsche Kunstausdrücke des Fußballspiels«. Er rief alle Fußballbegeisterten auf, die englischen Ausdrücke von den Fußballplätzen zu verbannen. Außerdem hat er auch gleich eine Liste mit Eindeutschungen veröffentlicht: *abseits* statt *offside, Anstoß* statt *Kickoff, Ecke* statt *Corner* etc.

In Deutschland sind diese Empfehlungen rasch aufgegriffen worden, im österreichisch-ungarischen Vielvölkerstaat hatte man andere Sorgen. Deshalb sind bei uns die englischen Originalausdrücke erhalten geblieben, sie werden parallel zu den 1903 erfundenen Eindeutschungen verwendet. Das sorgt für Abwechslung, die Berichterstattung wird dadurch lebendiger.

Bleibt zu hoffen, dass die Zweisprachigkeit in der Berichterstattung aus den Fußballstadien nicht verloren geht –

durch Fernsehsender wie »Premiere« oder »Eurosport«, wo in der internationalen Sportberichterstattung nach den Empfehlungen des Braunschweiger Gymnasialprofessors kommentiert wird.

Das beste Beispiel hat sich ja der Schriftsteller Herbert Eisenreich ausgesucht. Ihn hat schon vor mehr als 30 Jahren irritiert, dass die Wendung *eine Ecke treten* statt *einen Corner schießen* zu hören ist. Die Verkürzung von *Eckball* zu *Ecke* irritiert auch wegen des grammatikalischen Geschlechts. Wir gehen *ums Eck* (sächlich), der Deutsche geht um *die Ecke* (weiblich). Wir essen *ein Eck* vom Käse, der Deutsche *eine Ecke* vom Käse usw.

Und wenn wir wegen eines *Ferslers* in Verzückung geraten, möge man uns auch in Zukunft tunlichst mit dem Ausdruck *Hackentrick* verschonen.

Die Eins, die Zwei, die Drei *oder* der Einser, der Zweier, der Dreier

»Interessieren Sie sich für unsere Produkte oder wollen Sie bestellen, dann drücken Sie jetzt bitte *die Eins!* Für technische Fragen drücken Sie *die Zwei!* Und unsere Rechnungsauskunft erreichen Sie *mit der Drei!*«
Tonbanddienst des Telekom- und Telekabelanbieters UPC

Telefonnummern, Schulnoten und Straßenbahnlinien sind nur im Norden Deutschlands weiblich, in Österreich werden seit alten Zeiten die männlichen Formen verwendet. Ein österreichisches Schulkind bekommt also *einen Fünfer,* ein Schulkind in Hamburg *eine Fünf* (oder gar *eine Sechs).* Ein Wiener fährt zum Westbahnhof *mit dem Fünfer,* ein Tourist aus Hamburg nimmt hingegen *die Fünf.*

E

Dahinter stecken verschiedene Prinzipien der Wortbildung. Wenn ein Deutscher *eine Fünf* sagt, dann schwingt gedanklich ein Hauptwort mit, das ein weibliches grammatikalisches Geschlecht hat: »die Note 5«, »die Linie 5«,

»die Ziffer 5«, »die Zahl 5«, »die Taste 5« etc. Wir gehen hingegen ganz anders vor. Wir nehmen ein Zahlwort, zum Beispiel *fünf*, dann hängen wir hinten ein *-er* an, und schon ist ein Hauptwort mit maskulinem Geschlecht entstanden: *der Fünfer*.

Das Wortbildungselement *-er* ist in der deutschen Sprache äußerst produktiv, sowohl im Norden als auch im Süden. Es geht auf lateinisch *-arius* zurück, wir finden es in zahlreichen Wörtern wie »der Les*er*«, »der Rechtshänd*er*«, »der Seuf*zer*«.

In einigen Fällen wird es auch in Norddeutschland zur Bildung von Zahlenbegriffen verwendet. Auch dort kauft man Bier im »*Sechserpack*«, Menschen stellen sich »*in Zweierreihen*« an und Lottospieler sehnen sich nach einem »*Sechser*«. Vier Ruderer bilden auch in Deutschland einen »*Vierer*«, und selbstverständlich heißt es auch im Norden nicht »*die flotte Drei*«, sondern »*der flotte Dreier*«.

Seit Erfindung des Telefons unterscheiden sich die Österreicher von den Deutschen auch durch die Art, wie Telefonnummern durchgegeben werden. Ein Deutscher sagt normalerweise: »Wählen Sie die Zwei, die Null, die Sechs, dann zwei Mal die Neun!« Wir bilden Gruppen zur Gliederung: »Wählen Sie zweihundertsechs, neunundneunzig!«

Wer die weiblichen Zahlenformen Norddeutschlands akzeptiert, der muss auch mit den seltsam klingenden Pluralformen dieser Wörter leben. Im Film »Catch me if you can« von Steven Spielberg wird über einen Stempel diskutiert, der deswegen als fehlerhaft erkannt werden kann, weil einige Ziffern unsauber geschnitten sind. In der norddeutsch gefärbten Synchronisation heißt es dann: »*Die Sechsen* sind nicht ganz in Ordnung!« Wir würden sagen: »*Die Sechser* sind nicht ganz in Ordnung!«

Dass es bei der Gesprächsvermittlung in der Telefonzentrale auch anders geht, beweisen die »Österreichischen Bundesbahnen«. Im »ÖBB-Call-Center 051717« werden wir mit geschlechtsneutralen Ziffern durchs Menü geführt: »Für Ihre Reisebuchung wählen Sie *eins!* Für Auskünfte im Fernverkehr drücken Sie *zwei* ...!« Das ist sicher die beste Methode, sie hat bei den Jungen genauso Akzeptanz wie bei den Alten.

Denn unter den Jugendlichen in den Großstädten hat sich »die Eins«, »die Zwei« schon weitgehend durchgesetzt – sogar dann, wenn das mitschwingende Hauptwort gar nicht weiblich ist. »In der Hitparade liegt Christina Stürmer auf der Eins!« Solche Sätze kann man heutzutage auf Jugendsendern hören. Dabei geht es um den ersten Platz – und das Wort »Platz« ist männlich.

Einserfrage *oder* Elferfrage

»Die *Einserfrage:* derStandard.at/Politik liefert um 13 Uhr auf Seite 1 wesentliche Fragen und Antworten zur aktuellen politischen Lage. Sie haben eine Einserfrage? Dann her damit, wir suchen für Sie ExpertInnen, die diese beantworten können.«
www.derStandard.at

»Was glauben Sie, auf welcher Seite dieser Minister, der Großindustrielle Bartenstein, stehen wird, wenn sich Arbeitgeber über Arbeitsinspektoren beschweren? Diese Frage ist leicht zu beantworten, das ist eine *Einserfrage,* meine sehr geehrten Damen und Herren. *(Beifall bei der SPÖ.)*«
Rudolf Nürnberger laut Parlamentsprotokoll

»Für viele die *Einserfrage:* Wie schaffe ich die Bewerbung an einer Fachhochschule?«
www.unijobs.at

Er nannte sich mit bürgerlichem Namen Rudolf Hornegg, doch ist er in unserem titelverliebten Land als Carl Graf Schönfeldt-Hornegg in die TV-Geschichte eingegangen. Auf seine knochentrockene Art hat er von 1958 bis 1974 die Sendung »Quiz 21« moderiert.
Für jene, die sich nicht mehr erinnern oder die zu jung sind:

Zwei Teilnehmer sind getrennt in schalldichte Kabinen gesperrt worden, sie konnten sich das erste Wissensgebiet selbst aussuchen und auch den Schwierigkeitsgrad bestimmen. Die leichteste Frage war die *Einserfrage*, die schwierigste die *Elferfrage*. Anschließend musste sich jeder Kandidat mit Fragen aus dem Wissensgebiet des Gegners herumschlagen. Wer 21 Punkte erreicht hatte, war Sieger – er gewann einen Geldpreis und bekam eine Einladung für die nächste Sendung.

Ich habe den Ausdruck *Elferfrage* lange für einen Austriazismus gehalten, weil Rudolf Hornegg zu den ersten Fernseherlebnissen meiner Kindheit gehört hat. Dabei hätte mich schon der Name »Quiz 21« stutzig machen müssen: Er ist offensichtlich dem Glücksspiel Blackjack (»Siebzehn und Vier«) entlehnt, wo man ebenfalls 21 Punkte zum Sieg braucht.

Inzwischen weiß ich, dass das Spielkonzept vom amerikanischen Fernsehsender NBC entwickelt worden ist. »Twenty-One« ist vom 12. September 1956 bis zum 16. Oktober 1958 Woche für Woche in den USA gelaufen. Auch dort war *Elferfrage* die größte Herausforderung.

Traurige Berühmtheit hat die NBC-Quiz-Show durch einen Manipulationsskandal bekommen. Seit dem 28. November 1956 war der College-Professor Charles Van Doren vier Monate lang ungeschlagener Champion. Er gewann insgesamt 129.000 Dollar. Van Doren gestand 1959, dass ihm die Redaktion im Voraus die Antworten zugespielt hatte, weil man den arroganten Champion Herbert Stempel aus dem Weg räumen wollte. Später hat sich herausgestellt, dass schon die längste Zeit alle Kandidaten nach einer Art Drehbuch absichtlich falsch oder absichtlich richtig geantwortet hatten, um die Zuschauerzahlen in die Höhe zu treiben. Der Quiz-Skandal hat schließlich sogar den US-Kongress beschäftigt, unter dem Titel »Quiz Show« ist er 1994 von Robert Redford verfilmt worden.

Rudolf Hornegg war erst ab September 1958 auf unseren Bildschirmen zu sehen, rund zwei Jahre nach dem Serienbeginn in den USA. Das Wort »Elferfrage« ist also streng genommen eine Entlehnung aus dem amerikanischen Englisch.

Das alles ist ziemlich lang her und auch das Remake von Quiz 21 mit Karin Resetarits im Jahr 1999 ist schon wieder vergessen. Und dennoch sind die Ausdrücke *Elferfrage* (= ganz schwierige Frage) und *Einserfrage* (= ganz leichte Frage) in unserem Wortschatz fest verankert.

Wenn www.derStandard.at ganz wesentliche Fragen wie »Passen Gott und die Naturwissenschaften zusammen?« als *Einserfragen* bezeichnet, wird allerdings die Bedeutung dieses Ausdrucks ins Gegenteil verkehrt. Inzwischen verwenden auch andere das Wort *Einserfrage* im Sinn von »ganz schwierige Frage« – eine Recherche über die Suchmaschine »Google« liefert zahlreiche Beispiele.

War das ein »Einserschmäh« des »Standard«?

Die E-Mail *oder* das E-Mail

> **»Jede dritte gesendete E-Mail ist ›irrelevant‹. Das ergab eine Studie unter Führungskräften.«**
> *www.DiePresse.com*

»Hallo, Robert! Wir diskutieren gerade ganz heftig hier im Büro. Heißt es *die E-Mail* oder *das E-Mail?* Da hab ich mir gedacht, ich ruf dich an!«

»In Deutschland ist das Wort ein Femininum«, sage ich zu Liisa, »in Österreich normalerweise ein Neutrum – es sei denn, wir übernehmen die Gepflogenheiten des deutschen Deutsch.«

»Und wie kommt es zu dieser Unterscheidung?«

»Wir Österreicher pflegen mit Lehnwörtern anders umzugehen als die Deutschen. Wenn ein neuer Ausdruck aus dem Englischen übernommen wird, zerbrechen wir uns nicht lang den Kopf und sagen: ›Na gut, sächlich!‹ Die Deutschen versuchen hingegen mit ihrer sprichwörtlichen Gründlichkeit das ›richtige‹ grammatikalische Geschlecht herauszufinden: *E-Mail* heißt ›elektronische Post‹, ›Post‹ ist weiblich, daher *die E-Mail.* Den gleichen Unterschied zwischen dem österreichischen Deutsch und dem deutschen Deutsch gibt es auch bei SMS, aber die femininen Formen drängen aus Deutschland zu uns herein. Es gibt übrigens

E

auch bei kohlensäurehältigen Getränken einen Unterschied im grammatikalischen Geschlecht: Wir sagen: *das Cola, das Bluna, das Fanta,* im Norden des Sprachraums heißt es *die Cola, die Bluna, die Fanta* …«

Aber eigentlich will ich ja nicht als sprachlicher Hardliner dastehen. Deshalb mache ich Liisa einen Vorschlag zur Güte: »Wenn du einem Geschäftspartner in Deutschland einen Brief schreibst, könntest du ja *die E-Mail* verwenden …«

Die Idee kommt nicht gut an. »Warum soll ich das tun? Wir sind doch hier in Österreich!«

Liisa, eine gebürtige Finnin, lebt und arbeitet schon seit Jahrzehnten in Wien. Vermutlich erinnert sie das Verhältnis zwischen Österreich und Deutschland an jenes zwischen Finnland und Schweden.

Deutschland wird ja aus österreichischer Sicht immer wieder als »große Bruder« tituliert, Gleiches gilt aus finnischer Sicht für seinen westlichen Nachbarn Schweden.

Flyer *oder* Flugzettel

»Zum Ankündigen Ihrer Events oder zum Bewerben Ihrer Produkte bieten wir Ihnen qualitativ hochwertige *Flyer* zum Spitzenpreis.«

Werbetext der »Care Public Relations Gesellschaft mbH«, Innsbruck

Ausgangswort ist *Flugschriften* – so hat man nach Erfindung des Buchdrucks Broschüren oder Einblattdrucke bezeichnet. Auch die Wörter *Flugblatt* und *fliegende Blätter* sind damals verwendet worden. Sie dienten allesamt der politischen Meinungsbildung und gelten daher als Vorläufer der Zeitungen. *Flugblatt* ist eine Lehnübersetzung zu französisch *feuille volante* (= fliegendes Blatt). Es dient vor allem zur Verbreitung politischer Inhalte, ansonsten wird die Form *Flugzettel* verwendet.

Heute bezeichnet man in der Werbebranche einseitige ungefaltete Werbemittel als *Flyer.* Ist das Blatt gefaltet, spricht man von einem *Folder.* Der Ausdruck *Flugzettel* für »ein mit Information oder Werbung bedrucktes Blatt Papier, das verteilt wird« befindet sich auf dem Rückzug. *Flugzettel* wird im »Variantenwörterbuch des Deutschen« als spezifisch österreichischer Ausdruck angeführt, allerdings mit dem Zusatz, dass das in Deutschland und in der Schweiz gebräuchliche Wort *Flyer* zunehmend auch in Österreich verwendet wird. Der englische Ausdruck *Flyer* ist viel später als *Flugblatt* bzw. *Flugzettel* entstanden. Das »Online Etymology Dictionary« datiert den ältesten Beleg mit 1889. Gemeint war ursprünglich ein *Handzettel* mit Informationen, die über Rundfunk gestreut werden sollen. Vermutlich hat dabei auch die Doppeldeutigkeit von *air* eine Rolle gespielt: Gemeint ist einerseits das Medium, in dem sich die Vögel bewegen, aber andererseits auch der Rundfunkäther: *to be on the air* bedeutet »senden« (z. B. ein Rundfunksender ist in Betrieb), aber auch »gesendet werden« (z. B. ein Rundfunkprogramm wird ausgestrahlt). Die Bedeutung »einseitiges ungefaltetes Werbemittel« ist jüngeren Datums.

Gardine *oder* Vorhang

»Wen finden Sie beim guten *Gardinen*spezialisten? Jede Wette … ›Gardisette‹!«

Plakat der Firma »Gardisette« vor der Shopping City Süd, Wien

»Phantastisch im Bett, toll bei *Vorhängen!*«

Werbeslogan der Firma »Reiter«

Gehen Sie einmal in ein Einrichtungshaus und fragen Sie die Verkäuferinnen in der Vorhangabteilung, was der Unterschied zwischen einer *Gardine* und einem *Vorhang* ist! Sie werden keine übereinstimmenden Antworten bekommen. Die terminologischen Unterschiede innerhalb des deutschen Sprachraums haben uns so verwirrt, dass wir Probleme haben, die Dinge beim Namen zu nennen. Ein Sichtschutz vor Fenstern, der aus transparentem Stoff gefertigt ist, heißt im Norden und in der Mitte Deutschlands *Gardine*, im Süden des deutschen Sprachraums, also auch in Österreich, *Vorhang*.

Im Mittelhochdeutschen standen noch *vorhanc* und *vurhanc* rivalisierend nebeneinander. Damals sind »vor« und »für« recht beliebig verwendet worden und hatten keine unterschiedlichen Bedeutungen. Da der Vorhang »vor« dem Fenster oder »vor« dem Bett hängt, hat sich der *Vorhang* allmählich gegenüber dem *Fürhang* durchgesetzt.

Das Wort *Gardine* geht auf niederländisch *gardine* (= Bettvorhang) zurück, es ist wohl im 16. Jahrhundert im Norden Deutschlands populär geworden. Das Herkunftswort ist französisch *courtine* und lateinisch *cortina* (= Vorhang), ein substantiviertes Adjektiv zu lateinisch *cors* (= Einzäunung, Hofraum). *Gardine* ist im Süden nie heimisch geworden, so wie eine Reihe anderer Wörter, die aus dem Niederländischen ins Norddeutsche gelangt sind. Zunächst verstand man unter *Gardine* einen Vorhang, der einen Raum vom Innenhof abtrennt, dann wurde *Gardine* für »Bettvorhang« verwendet, später für »weißer, durchsichtiger Vorhang an der Innenseite eines Fensters«.

Nun gibt es aber an einem Wohn- oder Schlafzimmerfenster oft zwei verschiedene Arten von Vorhängen: (a) einen weißen, durchscheinenden Vorhang, der die ganze Fensterfläche bedeckt, und (b) einen lichtundurchlässigen Vorhang aus festem Material, der tagsüber zur Seite geschoben wird.
Wollen wir zwischen den beiden Arten von Vorhängen unterscheiden, dann kommen wir in eine terminologische Zwickmühle. Der erste Teil der Übung ist leicht. Der durchscheinende Vorhang (a) wird in Österreich und Deutschland zur Spezifizierung auch *Store* genannt. Dieser Ausdruck stammt aus dem Französischen und geht auf ein lateinisches *storea* (= Matte) zurück. Schwieriger ist die zweite Aufgabe: Wie heißt der undurchsichtige Vorhang (b)?
Der Sprachwissenschafter Manfred Glauninger ist in einer Untersuchung zum Wortschatz des österreichischen Deutsch dieser Frage nachgegangen. Wir sagen *Übervorhang, Seitenteil* oder *Nachtvorhang.*
Kleine Nachbemerkung: Wer in Österreich bei »Ikea« einen *Vorhang* kaufen will, dem werden nur *Gardinen* angeboten: *schwedische Gardinen,* aber nur im wörtlichen Sinn.

Gendarmerie *oder* Polizei

»Man sagt ja in Österreich nicht nur Kiberer, sondern oft auch Gendarmerie. *Jean-dame-marie* – hört sich immer an wie schwules Kasperltheater!«

Michael Mittermeier in dem Kabarettprogramm »Zapped/Austria Edition«

Der Ausdruck *Gendarmerie* stammt aus dem Französischen, nach französischem Vorbild ist auch 1849 – kurz nach Niederschlagung der Revolution – diese Einheit ins Leben gerufen worden. Die ursprüngliche Form im Französischen hat *gens d'armes* (= bewaffnete Männer) gelautet, aus *gens* (= Leute) und *armes* (= Waffen).

Polizei geht auf mittellateinisch *policia* zurück, dieses letztlich auf griechisch *polites* (= Stadtbürger), eine Ableitung zu *polis* (= Stadt). Ursprünglich war damit im Deutschen die »Staatsverwaltung« gemeint, seit dem 18. Jahrhundert »das ausführende Organ der Staatsverwaltung«. Mit der 2005 erfolgten Zusammenlegung von Gendarmerie und Polizei sind auch einige Wörter zum Aussterben verurteilt: Die *Wachzimmer* in der Stadt und die *Gendarmerieposten* auf dem Lande heißen nun generell *Polizeiinspektionen.* Statt *Funkstreifen* und *Gendarmeriepatrouillen* sind bundesweit *Streifenwagen* unterwegs. Der Münchner Kabarettist Mittermeier wird das Objekt seines Spottes vermissen.

Gucken *oder* schauen

»Der Ausdruck *gucken* hat sich ja schon so durchgesetzt ... *brr* ... und mir rollen sich da noch immer die Zehennägel auf ...«

Posting zu »Winders Wörterbuch der Gegenwart« auf www.derStandard.at

»Darf es etwas Ausgefalleneres sein? Diese Speisegruppe ist garantiert ein *Hingucker.* Moderne Formen, schöne Farben – eine tolle Kombination.«

www.leiner.at

Es ist nicht wahr, dass wir immer nur *schauen* verwenden, *gucken* hingegen überhaupt nicht. Wie unterschiedlich sich die beiden Ausdrücke in unserem Sprachgebrauch verhalten, zeigen zwei Strophen eines Tiroler Volksliedes. »Wenn wir *schaun, schaun, schaun* / übern Zaun, Zaun, Zaun / in das schöne Land Tirol / ja dann freuet sich die Sennerin ...« In diesem Fall geht es darum, dass wir »den Blick über die Landschaft schweifen lassen«. »Wenn wir *guckn, guckn, guckn* / durch die Luckn, Luckn, Luckn / in das schöne Land Tirol ...«. Dann schauen wir »durch eine kleine Öffnung« ins Land hinein – eine völlig andere Vorstellung.

Beide Verwendungen sind österreichisches Deutsch. Wir gebrauchen *gucken* auch dann, wenn wir durch ein *Guckloch* feststellen wollen, wer vor der Tür steht, oder wenn wir mit dem *Operngucker* das Geschehen auf der Bühne verfolgen. Jakob Ebner nennt in seinem Buch »Wie sagt man in Österreich« nicht weniger als 15 Bedeutungen von *schauen,* angefangen von »blicken« (als bewusste Handlung mit der Absicht, etwas zu sehen) über »besonders beachten, beaufsichtigen« (»Schau bitte auf meine Handtasche/auf die Kinder, während ich weg bin!«) bis hin zu Wendungen wie »das schaut dir ähnlich«. Der Ausdruck »schauen« ist also bei uns überaus produktiv, wie der Sprachwissenschafter sagt. Wohl deshalb ist uns das Wort so ans Herz gewachsen.

Seltsam klingt *gucken* für uns immer dann, wenn wir nach dem Sprachgefühl *schauen* erwarten: »Ich *guck* mal in meinen Kalender, ob ich nächste Woche Zeit habe.« Ganz im Norden des Sprachraums sagt und schreibt man sogar *kucken,* vermutlich in Anlehnung an den dortigen Mundartausdruck *kieken.*

Zurzeit schleicht sich das Wort *gucken* über Umwege in unseren Sprachgebrauch ein. So findet man in der Werbung immer öfter den norddeutschen Ausdruck *Hingucker.* Gemeint sind auffällige Möbelstücke, Kleider etc., die uns ein *Da, schau her* entlocken. Oder sagen wir auch in diesem Fall schon *Guck mal her?*

Keine polarisierende Wirkung hat ein anderer Ausdruck mit gleicher Bedeutung – er klingt gediegen und ist im gesamten deutschen Sprachraum seit langer Zeit akzeptiert: *Blickfang.*

Guten Tag *oder* Grüß Sie *oder* Grüß Gott

»Wenn ich in Köln bei einem Einkauf *Grüß Gott* sage, dann kann es passieren, dass ich belächelt werde. Man bekommt Antworten wie: *Wenn Sie ihn sehen …* oder *Wenn ich ihn seh …* Aber warum soll ich mich für meine Herkunft genieren?«

Andrea Spatzek, geboren in Salzburg, lebt zur Zeit in Köln

Früher hat man Grußformeln dazu verwendet, um politische Gesinnung zu zeigen. In abgeschwächter Form ist das auch heute noch so …

Wenn ich Martin am Handy anrufe, und er ist gerade beschäftigt, dann höre ich ihn mit aufgezeichneter Stimme *Grüß Gott* sagen. Er fordert mich auf, etwas auf Band zu sprechen. Ich sage: »*Servus* Martin, bitte ruf mich zurück!«

Martin deklariert mit dieser Begrüßungsformel ganz bewusst seine politische Gesinnung. Ich erinnere mich noch, wie ratlos er war, als »seine ÖVP« bei den letzten Wahlen eine unerwartete Niederlage einstecken musste.

Auch ich grüße hin und wieder mit *Grüß Gott* – das ist in meinem Fall kein politisches oder weltanschauliches Bekenntnis, sondern ein Bekenntnis zu einem Gruß, der für

Österreich und den süddeutschen Raum typisch ist. Wenn ich *Servus* sage, dann meine ich ja auch nicht im wörtlichen Sinn »ich bin dein Diener«.

Seit kurzem achte ich darauf, wer welche Grußformeln wie verwendet. Ich sage *Guten Tag,* man antwortet mir mit *Grüß Gott.* Ich sage *Grüß Gott,* man antwortet mir mit *Guten Tag.* Oder mit *Grüß Sie!* Oder mit *Begrüße (Sie)!*

Was steckt dahinter? Jeder weiß, dass *Grüß Gott* zu Zeiten des Nationalsozialismus verpönt war. Zeitzeugen berichten, dass NS-Lehrer den Kindern Standpauken hielten, wenn diese mit *Grüß Gott* grüßten.

Ein von Universitätsprofessor Roman Sandgruber zitierter Spruch aus der Pfarre Abtenau lautet: »Die Gewinner und Profitler / grüßen alle mit *Heil Hitler* / aber die Bauern vom alten Schrot / sagen allweil noch *Grüß Gott!*«

Damit wird deutlich, dass *Grüß Gott* ursprünglich nur auf dem Lande verwendet worden ist. Ein Buch aus den 1930er-Jahren bestätigt das. Im »Gesellschaftlichen Wegweiser für alle Lebenslagen«, es muss ein Bestseller gewesen sein, denn er ist in zahlreichen Auflagen erschienen, schreibt Gottfried Andreas: »Sage dein *Guten Morgen, Guten Tag, Guten Abend* nicht gedankenlos her, sondern richte dich in der Wahl der Begrüßungsformel nach der Landessitte. Antworte den dich freundlich grüßenden Landbewohnern in ihrer eigenen Grußform. Sage auf ein *Grüß Gott* ebenfalls *Grüß Gott,* nicht etwa *Guten Tag* oder *Habe die Ehre.*«

Es handelt sich bei *Grüß Gott* nicht um eine besonders alte Grußformel. Zwar lässt sie sich bis ins 12. Jahrhundert nachweisen, doch eine größere Verbreitung fand sie erst im 19. Jahrhundert, als die katholische Geistlichkeit diesen Gruß gefördert hat. Zunächst wurde er nur gegenüber Amtspersonen, wie Pfarrer oder Lehrer, gebraucht. Ihm liegt ein *Es grüße Sie Gott* zugrunde, wobei *grüßen* hier im Sinn von »segnen« verwendet wird, also eigentlich: Es segne Sie Gott! Nach dem gleichen Muster sind andere Wunschformeln mit gleicher Wortstellung entstanden: *Behüt dich Gott, Helf dir Gott* oder *Vergelt's (dir) Gott.*

Vermutlich hat die starke Propagierung von *Grüß Gott* zu einer Art Gegenbewegung geführt: Wer den Klerikalen kritisch gegenüberstand, blieb beim traditionellen *Guten Tag* – eine Grußform, die ja in zahlreichen Sprachen existiert und in den sozialdemokratisch dominierten Städten nicht so leicht auszumerzen war.

Auf sozialdemokratischer Seite wurde *Es grüße Sie Gott* zu *Grüß(e) Sie* verkürzt. In diesem Fall wird das ü kurz ausgesprochen, aber betont, das *Sie* wird beinahe verschluckt – es klingt wie *Grüssi.* Eine Alternative ist *Ich begrüße Sie!* – oft verkürzt zu *Begrüße!*

Universitätsprofessor Dieter Binder berichtet, dass er noch in den 1970er Jahren während seines Studiums in Wien angehalten worden ist, *Grüß Gott* zu verwenden. »Wenn ich den Wirten meines Lieblingsbeisels oder die Seniorchefin meines Wäschegeschäftes mit *Guten Tag* gegrüßt habe, reagierten sie mit einem demonstrativen *Grüß Gott.*« Es waren also kleine Gewerbetreibende, traditionelle Wähler der Österreichischen Volkspartei, die hier spracherzieherisch in Erscheinung treten wollten.

Umgekehrt weist Universitätsprofessor Ernst Bruckmüller darauf hin, dass auch in bürgerlichen und durchaus katholischen Kreisen auf *Gott* in der Grußformel verzichtet wird: »Ich habe eine sehr katholische Tante, die eigentlich immer *Ich begrüße Sie/dich* sagt.« In diesem Fall wird das ü in die Länge gezogen und stark betont, die Lippen treten voll in Aktion.

Kleine Nachbemerkung: Andrea Spatzek, eine gebürtige Salzburgerin, spielt in der Fernsehserie »Lindenstraße« die Gabi Zenker, und sie lebt zur Zeit in Köln. Obwohl diese Stadt mehrheitlich katholisch ist, wird *Grüß Gott* dort als fremd empfunden. Die Grußformel hat sich nur in Österreich und im Süden Deutschlands durchgesetzt (dort allerdings nicht ganz im Westen). Wer auf den Gruß mit *Wenn Sie ihn sehen* oder *Wenn ich ihn sehe* antwortet, der missversteht den Optativ als einen Imperativ.

Haben *oder* sein

> **»Eine Kassam-Rakete hatte demnach mit voller Wucht das fahrende Auto getroffen, in dem sie *gesessen hatte.*«**
> *APA-Meldung vom 21. Mai 2007*

> **»Der Selbstmordattentäter *hat* Medienberichten zufolge einer kurdischen Rebellengruppe *nahe gestanden.*«**
> *APA-Meldung vom 24. Mai 2007*

»Vor einiger Zeit haben wir im Akademietheater im Rahmen unseres Zyklus *Fräulein Else* gesehen«, schreibt ein Leser meiner Sprachkolumne. »Sehr verwundert war ich, als Else gleich zu Beginn sagte: ›… wo früher die Holländer *gesessen haben*‹. Am selben Abend habe ich noch in der *Fischer*-Ausgabe nachgesehen – natürlich heißt es dort: … *gesessen sind!* Ich finde das unnötig und ärgerlich!«

Ich kann diesem Leser, Herrn Gerald Sonneck, nur zustimmen. Es ist unnötig und ärgerlich, dass Texte von Arthur Schnitzler in einem österreichischen Staatstheater an den norddeutschen Sprachgebrauch angepasst werden. Es ist in gleicher Weise unnötig und ärgerlich, dass die nationale Nachrichtenagentur APA Meldungen anderer deutschsprachiger Agenturen übernimmt, ohne sie an unseren Sprachgebrauch anzupassen. Die Meldungen haben dann gute Chancen, in dieser Form in Zeitungen abgedruckt und im Rundfunk verlesen zu werden – darauf kann man wetten.

Haben oder *sein* spielt eben auch in der Sprache eine Rolle, nicht nur bei Erich Fromm. Bei Zeitwörtern, die Körperhaltungen ausdrücken *(sitzen, stehen, liegen* etc.), werden bei uns standardmäßig die mehrteiligen Tempora mit *sein* gebildet – dazu gehören auch die Perfektformen. Das kann eigentlich nicht strittig sein.

Wie reagiert die APA darauf? Thomas Karabaczek, ein stellvertretender Chefredakteur und gleichzeitig zuständig für alle Fragen des Agenturdeutsch, macht in Beantwortung eines E-Mails eine verblüffende Feststellung: »Zugleich muss ich Sie darauf aufmerksam machen, dass es auch westösterreichisches Deutsch gibt. Und im alemannisch geprägten Teil unseres Landes, den wir auch vertreten, ist ›er *hat* am Sessel gesessen‹ zulässiges, österreichisches Deutsch. So einfach sind die Dinge also nicht.« Da denkt man sich: Zwickts mich …

Die Formen *ich bin gesessen, gestanden, gelegen, gesteckt, gekniet, geschwebt, gehangen, gehockt, gebaumelt* etc. sind nämlich nicht nur in ganz Österreich in Gebrauch, sondern auch in der Schweiz und in Deutschland bis zu einer Sprachgrenze, die von Stuttgart über Frankfurt am Main in östlicher Richtung verläuft. Gleiches gilt für alle Zusammensetzungen dieser Wörter wie *ich bin dabeigestanden, ihm gegenübergestanden, stillgestanden* etc. sowie für übertragene Verwendungen wie jemandem *nahestehen*. Es muss also südlich von Frankfurt heißen: »Der Selbstmordattentäter *ist* Medienberichten zufolge einer kurdischen Rebellengruppe *nahegestanden.*« (Dass das Zeitwort *nahestehen* in der besagten APA-Meldung nicht zusammengeschrieben war, ist ein Rechtschreibfehler. Die Zusammenschreibung ist deswegen notwendig, weil es sich um eine übertragene Verwendung handelt.)

Wie ist es zu diesem Sprachunterschied gekommen? Ursprünglich konnten die genannten Verben sowohl mit *haben* als auch mit *sein* verbunden werden. Erst recht spät hat der Norden des Sprachraums nur noch *haben* realisiert, der Süden nur noch *sein*.

Es wäre schön, wenn das auch die großen nationalen Einrichtungen unseres Landes zur Kenntnis nehmen würden.

Hühnerkeule *oder* Hendlhaxl

> Test bei einem Wiener Heurigen. »Kennen Sie den Unterschied zwischen einem *Haxl* und einem *Biegel?*«
> Die Heurigenwirtin wirft einen Blick auf die gebackenen Hendln und schaut mich dann verwundert an.
> »Aber gnä' Herr … des is doch ollas ans.«
> Oije, vielleicht hat mich die wohlbeleibte Dame mit der bunten Schürze nicht richtig verstanden. »Schaun Sie, es gibt ja dreierlei: Den Unterschenkel, den Oberschenkel und beides zusammen …«
> »Wenn ich die Sachen beim ›Metro‹ kauf, dann steht *Untere Keulen, Obere Keulen* oder *Hühnerkeulen* drauf …«

Egal ob *Haxl* oder *Biegel* – das Wort *Keule* sollte uns erspart bleiben. Oder verwenden die Supermarktketten nur deswegen den Begriff *Keule,* weil wir zwischen *Haxl* und *Biegel* nicht mehr sauber unterscheiden?
Das ist durchaus möglich. Dabei ist etymologisch alles klar. *Biegel* oder *Bügel* stammt von »biegen«, das Wort ist verwandt mit »Beuge«. Es handelt sich also um ein »gebogenes Stück«, gemeint war ursprünglich der Unterschenkel samt dem Oberschenkel. Mein Vater hat immer *Biegerl* dazu gesagt – das ist keine Verkleinerungsform, damit wird nur die

H

liebevolle Beziehung zu dieser Speise zum Ausdruck gebracht.

Ich war überrascht, als in einer Prominenten-»Millionenshow« Nina Proll und Armin Assinger einmütig bekannt haben, dass sie das Wort *Biegel* noch nie gehört haben. Der Ausdruck scheint vor allem in der Bundeshauptstadt gebräuchlich zu sein, nicht auf dem Lande. Nina Proll ist im Waldviertel, nahe der tschechischen Grenze aufgewachsen, Armin Assinger ist Kärntner.

Mit dem Wort *Haxl,* auch *Hachse* oder *Hechse,* können die beiden wahrscheinlich mehr anfangen. Darunter versteht man den Unterschenkel eines Tieres, nicht nur beim Henderl. Das Wort steht mit »hängen« in einem Zusammenhang. Die ursprüngliche Bedeutung war »Fersensehne«, an dieser Stelle hat man den Fuß der Schlachttiere durchstochen und die Tiere aufgehängt. Später ist dann der ganze Unterschenkel so bezeichnet worden, manchmal auch Unterschenkel und Oberschenkel zusammen – so wird es auch heute bei den Hendln gehandhabt: Wer ein *Haxl* bestellt, bekommt ein Stück bestehend aus Ober- und Unterschenkel.

Das Wort *Keule* gehört seit dem 13. Jahrhundert zum Standardwortschatz, und zwar mit der Bedeutung »Stock, Stange«, es gehört zu »Kugel« – gemeint ist »mit einer Verdickung versehen«.

Ich denke bei *Keule* immer an den Beginn des Films »Odyssee im Weltraum« von Stanley Kubrick. Man sieht eine

Gruppe von Vormenschen in der afrikanischen Savanne. Eines Morgens wachen diese neben einem schwarzen Monolithen auf, der in der vorausgegangenen Nacht, unbemerkt von den Vormenschen, auf die Erde gebracht worden ist – möglicherweise von einer außerirdischen Spezies. Welchem Zweck dient dieser Monolith?

Fest steht, dass er eine Bewusstseinsveränderung bei den Vormenschen herbeiführt. Zunächst tanzen sie um ihn ängstlich herum, dann berühren sie ihn vorsichtig. Seine Funktion wird klar, als einem der Vormenschen beim Anblick eines ausgeblichenen Knochens ein revolutionärer Gedanke durch den Kopf schießt: den Knochen als Werkzeug oder Waffe zu verwenden! Die Szene wird von der Introduktion »Also sprach Zarathustra« von Richard Strauss untermalt – das ist meine archetypische Vorstellung von *Keule*. Kulinarisch fällt mir zu *Keule* nichts ein.

Januar *oder* Jänner

»Rettet den Jänner! Der Feber ist dem Februar sein Tod!«
Hörerreaktion zur »Alexander-Göbel-Show« auf »Radio Wien« mit dem Themenschwerpunkt »Unsere Sprache«

In Österreich und in Südtirol lautet die amtliche Form *Jänner,* in Deutschland *Januar.* Somit finden wir *Jänner* in allen Kalendern, die in Österreich gedruckt worden sind, auch in den Datumsangaben der Tagezeitungen etc. Der zweite Monat des Jahres wird allerdings recht selten *Feber* genannt. Warum ist das so?

Beide Varianten des Monatsnamens, nämlich *Jänner* und *Januar,* stammen von lateinisch *(mensis) ianuarius* ab. Das Herkunftswort ist entweder der Gott *Ianus* oder das zur gleichen Wortfamilie gehörende *ianua* (= Tür, Zugang).

Ianus oder Janus ist ein römischer Gott, die griechische Götterwelt kennt keine vergleichbare Gestalt. Er war der Gott des Anfangs und des Endes, der Ein- und Ausgänge, der Türen und der Tore. Die meisten Darstellungen zeigen ihn mit einem Doppelgesicht – nach vorne und nach hinten schauend. Der Januskopf gilt daher auch als Symbol der Zwiespältigkeit.

Jänner geht auf eine vulgärlateinische Form zurück: *Ienuarius.* Bereits im späten Mittelalter hat man die lateinische

Endung weggelassen, womit *Jänner* entstanden ist. Diese Form war bis zum Ende des 18. Jahrhunderts im gesamten deutschen Sprachraum der Standard.
Das klassische lateinische *Ianuarius* hat hingegen lange Zeit ein Kümmerdasein gefristet. Nur in der Welt der Gelehrten bediente man sich dieser umständlichen Form. In diesem Fall wurde die lateinische Endung nicht vollständig gekappt, man beließ es bei *Januari*. Das erinnert stark an das englische *January*. Erst an der Wende vom 18. zum 19. Jahrhundert hat im Norden des deutschen Sprachraums der Ausdruck *Januar* den gut eingeführten Begriff *Jänner* verdrängt. Wie der österreichische Sprachwissenschafter Hermann Scheuringer schreibt, hat sich der Wechsel von *Jänner* auf *Januar* innerhalb weniger Jahrzehnte vollzogen. Er führt dies auf den Niedergang der Hansestaaten zurück – dadurch verlor auch das Norddeutsche an Bedeutung, gleichzeitig stieg im Norden die Bereitschaft, sprachliche Neuerungen zu akzeptieren und sich vom Süden zu unterscheiden.
Der katholische Süden Deutschlands leistete einige Zeit vehementen Widerstand gegen den *Januar*. Erst nach der österreichischen Niederlage bei Königgrätz im Jahr 1866 und der deutschen Reichsgründung im Jahr 1871 hat sich Bayern dem norddeutschen *Januar* als amtliche Form angeschlossen. Umgangssprachlich ist heute in Bayern *Jänner* vereinzelt noch in Gebrauch.
Und in Österreich? Hier hat man nach der Niederlage von

Königgrätz in einer Art Gegenbewegung ganz bewusst am *Jänner* festgehalten – so ist *Jänner* bis zum heutigen Tag die amtliche Bezeichnung für den ersten Monat des Jahres geblieben.

Eine Zeitlang hat es so ausgesehen, als würde der Monat *Februar* in Österreich in Analogie zu *Jänner* als *Feber* bezeichnet werden. Doch dieser Form fehlt die historische Verankerung. *Feber* war im deutschen Sprachraum zu keiner Zeit der Standard.

Der Name *Februar* ist entlehnt aus lateinisch *(mensis) februarius* – eigentlich: »Reinigungsmonat«, weil in der zweiten Monatshälfte die Reinigungszeremonien und Sühneopfer für die Lebenden und die Toten abgehalten wurden. Er war der letzte Monat des altrömischen Kalenders, daher auch die von den anderen Monaten abweichende Dauer. Auch in den Schaltjahren wird ein zusätzlicher Tag immer an den Februar angehängt: Wer am 29. Februar geboren ist, der kann nicht jedes Jahr Geburtstag feiern!

Der Junge/die Jungs *oder* der Bub /die Buben *oder* der Bursch /die Burschen

Wolfgang ist entsetzt: »Stell dir vor, dieser ORF-Kommentator bei den Skirennen – dauernd sagt er *die Jungs.* ›*Die Jungs* haben einen langsamen Ski erwischt …‹ – ›*Die Jungs* haben heute triumphiert …‹ - ›*Die Jungs* haben drei Fahrer unter den ersten Zehn …‹«

Bei dem ORF-Kommentator handelt es sich um den ehemaligen Skirennläufer Hans Knauß. Warum bringt der gebürtige Schladminger das Wort Bursch(en) *nicht über die Lippen?*

Der Junge ist ein Ausdruck des Nordens, umgangssprachlich wird davon eine falsche Mehrzahlform gebildet: *die Jungs.* Die richtige Mehrzahlform heißt *die Jungen.*

Bei uns ist ein männliches Kind bis zum Alter von 14 oder 15 Jahren ein *Bub,* anschließend ein *Bursch(e).*

Das Wort *Bub* taucht in spätmittelhochdeutscher Zeit im Deutschen und im ganzen westgermanischen Bereich auf. Die Bedeutung ist im Deutschen von Anfang an (a) »männ-

liches Kind« und (b) »Trossbube, Diener, Knecht« (niederen Standes), dann auch (c) »Schelm, Spitzbube«. Die Verwandtschaft zu englisch *boy* ist offensichtlich.
Als *Bursche* hat man ursprünglich »die Gesamtheit der Mitglieder einer Studentenverbindung« bezeichnet. Das Wort ist mit »Börsel« (= Portemonnaie) verwandt. An den frühen Universitäten hießen nämlich die aus einer gemeinsamen Kassa (= Stiftung) versorgten und verköstigten Mitglieder *die Bursche.* Ein einzelnes Mitglied nannte man auch *Bursgesell, Bursant* oder *Mitbursche.*
Seit dem 17. Jahrhundert kann *Bursche* auch als Plural aufgefasst werden, dazu ist dann ein Singular *der Bursch(e)* gebildet worden. Später hat das Wort die Bedeutung »junger Mann« bekommen, und so verwenden wir es auch heute noch.

Kaffe *oder* Kaffee

»*Kaffe*- und Kaltgetränkeautomaten«
Werbung für einen Kaffeeautomaten auf www.ruppgames.com

»Villeroy & Boch: *Kaffe*-Obere, 0,18 Liter, Palm Leaf«
Produktwerbung für eine Kaffeeschale auf www.tischwelt.de

»Eine Bekannte hat sich neulich zum ersten Mal in einem *Kaffe*-Salzbad gereinigt und danach ein Taubheitsgefühl in den Händen und Beinen gespürt.«
Posting auf www.esoterikforum.at

Was gehört zu den Unterschieden zwischen Deutschen und Österreichern? – Die Zubereitung des Getränks Kaffee und die Betonung des Wortes Kaffee. Dieses Bonmot stammt von Hans Weigel – man kann es wohl nicht treffender ausdrücken.

Jedenfalls wird das Wort *Kaffee* in Österreich immer, in der Schweiz und im Südosten Deutschlands meistens auf der zweiten Silbe betont. Weiter im Norden will man von der aus dem Französischen stammenden Endbetonung nichts wissen. Weil im Deutschen Zweisilber normalerweise auf der ersten Silbe betont werden, verschiebt man die Betonung an den Wortanfang und schreibt hin und wieder sogar *Kaffe* – was selbstredend falsch ist.

Sie glauben es nicht? Die oben angeführten Internet-Belege sind keine Einzelfälle. *Kaffe* statt *Kaffee* gehört in Deutschland bereits zu den häufigen Fehlern. Der in Köln lebende

Lektor und Korrektor Julian van Heyl führt *Kaffe* auf seiner Website www.korrekturen.de in einer Liste an, die auch falsche Schreibungen wie »brilliant« (statt richtig: »brillant«), »Gallionsfigur« (statt richtig: »Galionsfigur«) und »Schnippsel« (statt richtig: »Schnipsel«) enthält.

Für die Endbetonung spricht die Herkunft des Ausdrucks. *Kaffee* ist aus französisch *café* entlehnt, und dieses Wort wird auf der letzten Silbe betont. Wenn man die Etymologie weiterverfolgt, gelangt man nicht nur zu den Wurzeln des Ausdrucks, sondern auch zum Herkunftsgebiet des Getränks. Der Weg führt von Frankreich *(café)* über Italien *(caffè)*, in die Türkei *(kahve)* und schließlich in den arabischen Raum *(qahwa)*.

Lange Zeit hat es so ausgesehen, als wären wir gegen die Erstbetonung dieses Wortes immun. Doch auf dem österreichischen Fernsehsender »Puls TV« gibt es seit einiger Zeit eine Art Frühstücksfernsehen mit dem Titel »Café Puls« – und siehe da: die Moderatoren sprechen den Sendungstitel mit Erstbetonung aus! »Schön, dass Sie ›*Kaffe* Puls‹ eingeschaltet haben …«

Dass nicht sofort ein Sturm des Protestes losgebrochen ist, lässt für die Endbetonung von *Kaffee* Schlimmes befürchten. Wie lange noch wird bei uns *Kaffe* lediglich in der Bedeutung »Gschlader« (= schlechter, dünner Kaffee) verwendet werden?

Karussell *oder* Ringelspiel

»Das Riesenrad, das Karussell, die große Piñata ...«
Kinderlied aus der Serie »Dora«, ausgestrahlt auf »Viva«

»Dora« ist eine überaus erfolgreiche Kinderserie über ein 7-jähriges Mädchen, das in einem Computer lebt. In jeder Episode laden Hauptakteurin Dora und ihr bester Freund, ein Affe namens Boots, die Zuschauer ein, an der Auflösung von Rätseln mitzuwirken. Die Serie wird vom US-amerikanischen Medienunternehmen »Viacom« produziert und in Deutschland für den deutschsprachigen Raum synchronisiert. Sie gilt als vorbildliches Programm für Kinder im Vorschulalter. Hier einige Beispielsätze aus einer »Dora«-Folge: »Beim Entenspiel könnt ihr zwei Tickets gewinnen« – »Mal sehen, was hinter der anderen Türe steckt!« – »Klasse!« – »Haben wir genug Tickets, um die große Piñata zu gewinnen?« – »Sie greift ein Seil: Spielzeuge und Bonbons (gesprochen *Bongbongs*) und Schokolade und Aufkleber fallen heraus!« – »Das ist cool!« – »Für mich war es das Schönste, als all die leckeren Süßigkeiten aus der großen Piñata herausgefallen sind!« – »Klasse!« – Alle singen: »Das Riesenrad, *das Karussell,* die große Piñata ...«
Bonbon, lecker und *Tickets* werden an anderer Stelle dieses Handbuchs besprochen, hier geht es um *Karussell* – es ver-

K

drängt den bei uns gebräuchlichen Ausdruck *Ringelspiel.* Ursprünglich hat es sich um ein Reiterspiel gehandelt, bei dem von einem sich drehenden Gestell aus nach Ringen gestochen worden ist. »Die Reitenden stechen mit einem Dolche bei ihrem Vorbeiziehen ausgesteckte Ringe herunter und wetten, wer mehrere bekommt«, notiert der Sprachwissenschafter Johann Siegmund Popowitsch Mitte des 18. Jahrhunderts. Später ist dieses »Ringelspiel« oder »Ringelstechen« so vereinfacht worden, dass das Vergnügen im Reiten auf hölzernen Pferden bestand, die sich in einem Drehgestell um einen Mittelpunkt bewegten. Der Ausdruck »Reitschule« ganz im Süden der neuen Bundesländer und im Südosten von Rheinland-Pfalz zeugt ebenfalls von diesem Brauch. *Karussell* ist über italienisch *carosello* (vermutlich basierend auf einem Wort für »Fest«) aus französisch *carrousel* entlehnt.

Kleine Nachbemerkung: Piñatas sind bunt gestaltete Figuren aus Pappmaché, sie werden traditionell mit Süßigkeiten, Früchten und Geschenken gefüllt. Es handelt sich um ein Kinderspiel, das in Lateinamerika und in Spanien verbreitet ist. Dass in der »Dora«-Folge die zuschauenden Kinder über Bräuche in anderen Ländern informiert werden, ist ja nicht so schlecht. Das zeugt von Achtung anderer Kulturen. Wir würden uns nur wünschen, dass auch unsere Sprachkultur geachtet wird. Wie soll das gehen? Unsere nationale Rundfunkanstalt, den ORF, stärken! Dann gibt es mehr Eigenproduktionen.

Kartoffeln *oder* Erdäpfel

»Erdäpfelsalat bleibt Erdäpfelsalat!«
Werbeplakat der Stadt Wien im Frühjahr 1994 zur Volksabstimmung über Österreichs EU-Beitritt

»Während der Absatz *konventioneller Kartoffeln* stark rückgängig ist, boomen die *Bioerdäpfel.* Kein Wunder: Der Verzicht auf Agrarchemie und Höchsterträge sorgt für typischen Geschmack und Top-Qualität.«
Presseaussendung der Bioerdäpfel-Vertriebsgemeinschaft »PUR«

Erdäpfel ist die einleuchtendere Bezeichnung, hat Christoph Wagner einmal argumentiert. So haben die Knollen im Osten Österreichs von Anfang an geheißen. Auch die Franzosen, in Fragen des Kochens und Essens nicht ungeschickt, sagen *pommes de terre. Kartoffel* ist hingegen abgeleitet von der alten *Tartuffel* – die Erdäpfel sind nämlich früher einmal wegen ihrer auffallenden Ähnlichkeit mit den Trüffeln (Tartufi) irrtümlich zur selben Familie gezählt worden. Regional sagt man auch *Grundbirne, Erdbirne* oder *Bramburi* – aus tschechisch *brambory,* vom Namen des Landes Brandenburg abgeleitet, woher die Tschechen die ersten Erdäpfel bezogen haben.

Aber so sehr die Bezeichnung *Erdäpfel* vielerorts geschätzt wird, amtsdeutsch wird die Knolle auch bei uns *Kartoffel* ge-

K

nannt. Als der Gesetzgeber die Qualitätsklassen für *Speisekartoffeln* festgelegt hat, traf er folgende Unterscheidung: »(1) festkochend (speckige *Kartoffeln),* (2) vorwiegend festkochend und (3) mehligkochend (mehlige *Kartoffeln).«* Hin und wieder taucht in den Verordnungen und Gesetzen auch das Wort *Erdäpfel* auf – als Klammerausdruck.

Gleichzeitig hat man sich aber bei den EU-Beitrittsverhandlungen bemüht, unsere sprachliche Eigenständigkeit wenigstens im Lebensmittelbereich abzusichern. Das Ergebnis war das berühmte »Protokoll Nr. 10 über die Verwendung spezifisch österreichischer Ausdrücke der deutschen Sprache im Rahmen der Europäischen Union«. Auf dieser Liste stehen auch die *Erdäpfel* – neben Beiried, Eierschwammerl, Faschiertes, Fisolen, Grammeln, Hüferl, Karfiol, Kohlsprossen, Kren, Lungenbraten, Marillen, Melanzani, Nuss, Obers, Paradeiser, Powidl, Ribisel, Rostbraten, Schlögel, Topfen, Vogerlsalat und Weichseln.

Was bedeutet das alles für die *Erdäpfel?* Sie stehen im EU-Verfassungsrang! Wenn in einem österreichischen Gesetz *Kartoffeln* aufscheint, dann wird durch höheres EU-Recht bestimmt, dass *Erdäpfel* gemeint sind. Ob die Supermärkte wissen, dass sie gegen EU-Bestimmungen verstoßen, wenn sie beispielsweise *Frühkartoffeln* und nicht *Heurige Erdäpfel* anschreiben?

Der Ausdruck *Erdapfel* (meist in der Mehrzahl: *Erdäpfel)* wird schon seit dem 11. Jahrhundert verwendet, und zwar für andere Gemüsesorten, die im oder auf dem Boden wachsen, wie Kürbis, Melone und Gurke. Als im 17. Jahrhundert die Bedeutung des Nachtschattengewächses für die Ernährung deutlich wurde, hat man den Begriff *Erdapfel* auf die aus Südamerika stammende Frucht übertragen.

Die Sprachforscherin Maria Hornung hat mir erzählt, dass noch in den 1930er-Jahren das Wort *Kartoffel* in Österreich kaum gebräuchlich war. Als im Rahmen der Lebensmittelrationierungen während des Zweiten Weltkriegs *Kartoffelkarten* ausgegeben worden sind, hat der fremde Begriff *Kartoffeln* dem einheimischen Ausdruck *Erdäpfel* stark zugesetzt. Ein Übriges taten die damaligen Kampagnen gegen die *Kartoffelkäfer.* Kinder und Jugendliche wurden angehalten, die Schädlinge von den Feldern zu klauben. So ist das Wort *Kartoffel* immer stärker umgangssprachlich in Gebrauch gekommen.

Wenn es um die Bezeichnung von bodenständigen Speisen geht, sind die *Erdäpfel* allerdings nicht zu schlagen. In diesen Fällen würde *Kartoffel* grauslich klingen. Ein *Erdäpfelgulasch* schmeckt einfach besser als ein *Kartoffelgulasch,* zum Wiener Schnitzel gehört ein *Erdäpfelsalat,* kein *Kartoffelsalat.*

Kissen *oder* Polster

»Mit farblich abgestimmten *Zierkissen* in den aktuellen Trendfarben können Sie noch zusätzlich Akzente setzen.«
www.leiner.at

»Ein Traum von einer Gartenbank – stilvoll-elegant und sehr geschmackvoll! Inklusive *Sitzkissen* und 2 *Seitenkissen* im karierten Dessin.«
www.leiner.at

»Tuchent und *Polster* im Set.«
www.leiner.at

ER liegt im Bett, das Gesicht hinter einer Zeitung versteckt. SIE nestelt am Fußende des Betts herum: »Warte, ich verstecke noch schnell mein Geld. Und dann … give me a *kiss.*« Da sagt ER, ohne von der Zeitung aufzuschauen: »Hol dir doch dein *Kissen* selber. Und dein Geld solltest du lieber gut anlegen.«
Wahrscheinlich haben die Werber von Scholdan & Company nicht einmal geahnt, dass das Inserat aus der Serie »Was bringt die Postaktie?« aus sprachlicher Sicht einen wahren Kern enthält.
Das Wort *Kissen* hat sich nämlich aus altfranzösisch *coissin* entwickelt – die Federkissen sind eine gallische Erfindung. Die ursprüngliche Form des deutschen Ausdrucks hat *Küssen* gelautet! Der Wechsel von ü zu u, die Sprachwissenschafter nennen das »Entrundung«, ist erst im 18. Jahrhundert

eingetreten. Man wollte vermeiden, dass *Kissen* mit *küssen* verwechselt wird. Und wie erwartet hat der englische *kiss* die gleichen Wurzeln wie der deutsche *Kuss.*

In Österreich war man vor solchen Verwechslungen gefeit: Wir legen den Kopf auf einen *Polster* – das Wort *Kissen* war bei uns bis vor einiger Zeit gar nicht bekannt.

Der Sprachwissenschafter Paul Kretschmer hat Anfang des 20. Jahrhunderts für sein Buch »Wortgeographie« die Verbreitungsgebiete der beiden Wörter und ihre genauen Bedeutungen penibel erhoben: »In Berlin unterscheidet man (a) das mit Federn gefüllte *weiche Kissen,* das *Bettkissen, Kopfkissen,* das auf das Sofa gelegte *Sofakissen* von (b) dem aus Rosshaaren oder Seegras hergestellten *festgestopften Polster,* der vom Tapezierer an Möbeln, Stühlen, Fauteuils, Sofas hergestellten *Polsterung.* Dieser Sprachgebrauch geht jetzt durch ganz Deutschland durch, nur den südwestdeutschen Mundarten ist *Polster* fremd. (...) Umgekehrt ist in Österreich *Kissen* fremd und nur *Polster* (Kopfpolster, Bettpolster) gebräuchlich, auch für das Federkissen. (...) Nur in Vorarlberg wird mir *Kissen* bezeugt.«

Hundert Jahre später ist einiges anders. Wir verwenden weiterhin *Polster* im Sinn von »Möbelpolsterung« – dieser Terminus ist ja im ganzen deutschen Sprachraum gebräuchlich. Aber das *Kissen* hat dem Ausdruck *Polster* in einigen Bereichen stark zugesetzt.

Die meisten der in österreichischem Eigentum stehenden

Einrichtungshäuser, wie beispielsweise »Leiner«, verwenden heute *Polster* nur noch im Sinn von »Bettpolster«. Was nicht im Schlafzimmer am Bett liegt, sondern im Wohnzimmer auf einem Sofa bzw. im Garten auf Sesseln oder Liegestühlen, heißt *Kissen*: *Zierkissen, Seitenkissen, Rückenkissen, Sitzkissen* etc. – egal ob es federweich oder festgestopft ist. Einrichtungshäuser mit ausländischem Eigentümer wollen uns hingegen ein *Kissen* auch für die nächtliche Ruhe zumuten.
Kleine Nachbemerkung: Eine Imagekampagne für *Polster* wäre dringend vonnöten. Am besten gefiele mir in dieser Rolle Toni Polster. Als der Stürmer für den 1. FC Köln Tore schoss, sang eine Kölner Frauenrockband sogar ein Loblied auf ihn: »Toni, lass es *polstern!*« Der Schlager schaffte den Sprung in die Ö3-Hitparade.
Wenn ich heute ein Wörterbuch aufschlage, finde ich unter *polstern* allerdings nur die Bedeutung »etwas mit einem Polster versehen«.

Kommissar *oder* Inspektor

> **»Eine Woche später, am Dienstag, dem 28. November, gibt Andreas Kiendl seinen Einstand als *TV-Kommissar* Klaus Lechner: Sein erster Fall heißt ›Bis der Mord uns scheidet‹.«**
>
> *Aus einer Inhaltsangabe zu »Soko Kitz« auf www.orf.at*

Da es bei der österreichischen Kriminalpolizei keinen *Kommissar* gibt, kann es auch bei der »Soko Kitz« keinen *Kommissar* geben. Alle *Kommissare* in österreichischen TV-Krimis – und in der dazugehörenden Berichterstattung – sind also sprachliche Regiefehler.

Was wäre richtig? Bei der Polizei versehen jede Menge *Inspektoren* ihren Dienst, die Palette reicht vom einfachen *Inspektor* über den *Revierinspektor* und *Gruppeninspektor* zum *Bezirksinspektor, Abteilungsinspektor, Kontrollinspektor* und *Chefinspektor.* Wenn uns also ein Polizist aufhält und wir reden ihn mit *Herr Inspektor* an, so wird es nicht falsch oder beleidigend sein. Wir können ja nicht auf Anhieb wissen, ob es sich um etwa einen *Revierinspektor, Gruppeninspektor* oder *Bezirksinspektor* etc. handelt.

Wenn ein Beamter der Kriminalpolizei in einem Mordfall ermittelt, dann ist er entweder ein *Chefinspektor* oder gar ein *Polizeioffizier* – die dortigen Dienstgrade entsprechen jenen des Bundesheeres: *Leutnant, Oberleutnant, Hauptmann, Major, Oberstleutnant, Oberst, Brigadier, Generalmajor* und *General.*

Manche Drehbuchautoren achten darauf, dass in österreichischen Krimis die Titelbezeichnungen stimmen, aber das ist eher die Ausnahme. Korrekte Titel haben die Polizisten in Ernst Hinterbergers »Trautmann«-Krimis. Auch in der legendären Fernsehserie »Kottan ermittelt« ist titelmäßig alles mit rechten Dingen zugegangen.

Kleine Nachbemerkung: Wie kommt es zu dem berühmten Satz »Inspektor gibt's kan«?

Der Spruch taucht gleich in der ersten Folge von »Kottan ermittelt« auf. Ein Wirt sagt zu Kottan: »Tag, Herr *Inspektor!* Wos gibt's?« – Darauf dieser: »*Inspektor* gibt's kan.« Klar, Kottan ist *Major,* das ist mehr als ein *Inspektor!*

Später wird der Satz zur stehenden Phrase. In »Wien Mitte« untersucht Schrammel ein verdächtiges Kraut: »Indischer Hanf?« Darauf die Frau Semorat: »Schnittlauch, Herr *Inspektor!*«

Der Assistent weiß, dass »Schnittlauch« eine abwertende Bezeichnung für »Polizist« ist (weil die Uniformen früher grün waren). Da kommt ihm die Phrase seines Chefs gerade recht: »*Inspektor* gibt's kan.«

Leider ist Schrammel aber wirklich nur ein Inspektor.

Konfitüre *oder* Marmelade

»EU verbietet uns *Marmelade!*«
»Krone« vom 17. Oktober 2003

»Neue Signale aus Brüssel: EU lässt uns die *Marmelade!*«
»Krone« vom 23. Oktober 2003

»Wenn wieder einmal zu viel Energie und Zeit und Geld in Brüssel vorhanden sind, sollte man *Frittatensuppe* in *Pfannkuchenstreifenbrühe* umbenennen!«
Internet-Beleg

Was ist eigentlich aus dem Streit mit der EU um die Bezeichnung für Eingemachtes geworden? Darf jetzt wieder *Marmelade* am Etikett stehen?
Dass *Marmelade* österreichisches Deutsch ist und *Konfitüre* deutsches Deutsch, gehört jedenfalls ins Reich der Legende. Es stimmt auch nicht, dass sich die österreichische Bundesregierung gegenüber der EU durchgesetzt hat und dass jetzt generell *Marmelade* als Bezeichnung verwendet werden darf. Wie ist es zu diesem Dilemma überhaupt gekommen?
Ein Engländer streicht sich entweder *marmelade* oder *jam* auf das Brot. *Marmelade* ist aus Zitrusfrüchten, *jam* ist aus allen anderen Früchten – also aus jenen, die bei uns hauptsächlich verarbeitet werden: Erdbeeren, Himbeeren, Marillen, Zwetschken etc. Im Jahr 1979 legt die EU in einer Richtlinie

K

fest, wie derartige Produkte heißen sollen, wie viel Fruchtanteil sie enthalten müssen und was zugesetzt werden darf. Man entscheidet sich, englisch *marmelade* mit deutsch *Marmelade* gleichzusetzen und englisch *jam* mit deutsch *Konfitüre*. Damit ist der Konflikt im deutschen Sprachraum vorprogrammiert. Das Wort *Marmelade* kann auf einmal nur noch für Brotaufstriche aus Zitrusfrüchten verwendet werden.

Wie hat man die beiden Begriffe bis dahin verwendet? *Marmelade* war in Österreich genauso wie in Deutschland die gängige Bezeichnung. Auch bäuerliche Betriebe haben da wie dort ihre Produkte als *Marmelade* verkauft.

Als Österreich der EU beitritt, lässt man sich einige Lebensmittelbegriffe schützen – im »Protokoll Nr. 10«. An die *Marmelade* denkt niemand. Fraglich ist allerdings, ob das überhaupt gegangen wäre, denn Marmelade ist kein spezifisch österreichischer Ausdruck der deutschen Sprache.

Von der Öffentlichkeit unbemerkt bekräftigt die EU im Jahr 2001 in einer Richtlinie den Standpunkt von 1979. Die öffentliche Diskussion beginnt erst 2003, als die Niederösterreichische Lebensmittelbehörde einen Wachauer Obstbauern anzeigt, weil er das Eingemachte als »Marillenmarmelade« anbietet. Dieser mobilisiert die »Kronen Zeitung«.

Zu einer medialen Beruhigung kommt es erst im folgenden Jahr mit einer neuen EU-Richtlinie und mit der »Konfitürenverordnung 2004«. In diesen Rechtsakten wird die Terminologie von 1979 bekräftigt, eine Ausnahmebestimmung gibt es lediglich für den Verkauf an Endverbraucher auf Bauern- und Wochenmärkten. In diesem Fall dürfen die Produzenten die Bezeichnung *Marmelade* verwenden. Marmeladen, die in Supermärkten angeboten werden, müssen aber weiterhin als *Konfitüre* verkauft werden. Den großen industriellen Betrieben ist das durchaus recht – *Konfitüre* steht im allgemeinen Sprachgebrauch noch immer für »hochwertige Marmelade aus einer einzigen Obstsorte«. Damit können wir *Marmelade* auf die Liste der bedrohten Wörter setzen.

Der Ausdruck ist im 16. Jahrhundert über französisch *marmelade* aus portugiesisch *marmelada* entlehnt. Dieses Wort hat ursprünglich »Quittenmus« bedeutet. Im Portugiesischen ist *marmelo* die Bezeichnung für Quitte. Sie fußt auf griechisch *melimelon* (= Honigapfel). *Konfitüre* ist im 17. Jahrhundert aus französisch *confiture* (= Eingemachtes) entlehnt worden.

Nach den heute geltenden Bestimmungen wird zwischen »Konfitüre«, »Konfitüre extra« (höherer Fruchtanteil) und »Leichtkonfitüre« (besonders hoher Fruchtanteil, wenig Zucker) unterschieden.

Bleibt zu hoffen, dass viele so denken, wie jener Marmelade-Freak, der im Internet ein leidenschaftliches Bekenntnis für das vom Aussterben bedrohte Wort abgegeben hat: »Was auf dem Glasl auch draufstehen mag – in der Früh kommt *Marmelade* aufs Brot!«

Kuchen *oder* Mehlspeise

> **»Galerie-Treff für Seniorinnen und Senioren. Führung mit Sitzgelegenheit. Danach *Kaffee und Kuchen* oder Sandwichs und Wein im Café in der Kuppelhalle.«**
>
> *Werbetext für eine Veranstaltung des Kunsthistorischen Museums, Wien*

Ich gebe zu, das Kunsthistorische Museum steckt in diesem Fall in einem Dilemma. Wenn sie zum Kaffee ein *Mehlspeisbuffet* anbieten, entsteht für Touristen aus Deutschland ein Erklärungsbedarf. Wenn sie *Kuchen* schreiben, verstoßen sie gegen den in Österreich üblichen Sprachgebrauch. *Kaffee und Kuchen* ist außerdem ein schöner Stabreim, wahrscheinlich wird diese Wortkombination deshalb auch recht gern verwendet.

Mehlspeise ist bei uns ein wichtiger Oberbegriff für Süßes. Wir ordnen unter diesem Begriff alles aus Mehl Gebackene oder Gekochte ein. Es kann damit (a) das gemeint sein, was man in Deutschland *Kuchen* nennt, also beispielsweise eine Torte (z. B. Sachertorte) oder eine Obstschnitte. Unter *Mehlspeis(e)* verstehen wir aber auch (b) jede Art von warmer »Süßspeise«, also Germknödel, Marmeladepalatschinken, Kaiserschmarren oder Salzburger Nockerln. In einigen Regionen Österreichs wird *Mehlspeise* (c) als Gegensatz zu *Fleischspeise* verwendet. Darunter fällt dann auch eine fleischlose Speise, die gesalzen ist, z. B. Mehlkoch. In ländlichen Gemeinden Kärntens gelten Montag, Dienstag und Donnerstag als *Mehlspeistage,* die anderen Tage der Woche als *Fleischtage.* Die »Kärntner Nudeln« (= gefüllte Teigtaschen) werden je nach Wochentag als »Topfennudeln« oder »Fleischnudeln« zubereitet. In Oberkärnten (z. B. im Mölltal) werden die »Nudeln« als »Krapfen« bezeichnet.

In Deutschland fungiert hingegen *Kuchen* als wichtiger Oberbegriff für Süßes. Am deutlichsten wird der Sprachunterschied bei der Phrase *Kaffee und Kuchen.* Was soll damit gemeint sein? *Kuchen* ist im österreichischen Deutsch nur eine ganz spezielle Süßspeise, beispielsweise ein Marmorkuchen. Aber schon ein Apfelstrudel fällt nicht mehr unter *Kuchen!* Und nie und nimmer würden wir eine Sachertorte als *Kuchen* bezeichnen. Wenn ich jemanden am Nachmittag zu mir nachhause einlade, dann biete ich ihm oder ihr zum Kaffee eine *Mehlspeise* an, was sonst?

Lecker *oder* wohlschmeckend/ schmackhaft/ gschmackig

»Je frischer die Milch, umso *gschmackiger* unser Käse!«
Werbeslogan der »Agrarmarkt Austria«

»Faschiertes – *lecker* und preiswert!«
Titel einer Veranstaltung der Volkshochschule Brigittenau

»Die *Lecker-Schmecker*-Verwöhnpension gilt automatisch für Kinder.«
Werbeslogan des Kinderhotels »Bellevue« in Lermoos, Tirol

Mir geht das Wort *lecker* auf den Wecker. Wenn Roberta auf einen Kurzbesuch ins Hotel Mama zurückkehrt, lobt sie »das *leckere* Essen«. Es kostet mich viel Überwindung, dieses Unwort mit einem Bissen kommentarlos hinunterzuschlucken.

In der Werbung werden Unmengen an *leckeren* Sachen angepriesen. Zielgruppe: ein junges Publikum. Ist meine Aversion gegen dieses Wort eine Alterserscheinung?

Sehen wir uns die Herkunft dieses Ausdrucks einmal an. Warum kommt mir das Wort *lecker* so fremd vor, warum klingt es so unangenehm?

Das Wort *lecken* war schon im Mittelalter gebräuchlich, die ursprüngliche Bedeutung war: »mit der Zunge über etwas streichen«. Im Süden des Sprachraums hat sich eher die Form mit s (später sch) im Anlaut durchgesetzt: *schlecken.* Wir verwenden also in vielen Fällen *schlecken,* wo man im Norden *lecken* gebraucht – das berühmte Götzzitat einmal ausgenommen. Wir sagen beispielsweise *das ist kein Honigschlecken,* im Norden sagt man *das ist kein Houiglecken.* *Schleckeis* ist ein alter Ausdruck aus unserem traditionellen Sprachgebrauch. Als Kind habe ich auch immer *die Rein ausgeschleckt,* wenn die Mutter einen Kuchen gebacken hat. Früher gab es bei uns auch den Ausdruck *Schleckmaul,* doch der ist schon längst durch *Leckermäulchen* ersetzt worden. Aus dem *Schleckbissen* ist ein *Leckerbissen* geworden. Überall wird *schlecken* durch *lecken* ersetzt. Auch die österreichischen Lifestyle-Magazine verwenden die norddeutsche Variante, wenn es in einem Beitrag über das Sexualverhalten ans Eingemachte geht.

Und jetzt soll uns auch noch *lecker* verordnet werden – das ist zu viel. Allerdings, was können wir denn adjektivisch diesem Ausdruck entgegensetzen? Früher, das erfährt man aus alten Wörterbüchern, gab es *schleckert* und *gschleckig* als Ausdrücke für »naschhaft«. Die Form *gschleckt* hat sich wenigstens in den Mundarten noch erhalten, aber hier hat sich die Bedeutung ins Negative verkehrt: »Er schaut *gschleckt* aus!«

Uns fehlt also ein brauchbares Adjektiv zu *schlecken,* wäh-

L

rend die Norddeutschen zu *lecken* das Wort *lecker* gebildet haben.

Es soll aber keiner sagen, dass es an Alternativen mangelt, von *wohlschmeckend* über *schmackhaft* bis zu dem umgangssprachlichen *gschmackig.* Wenn Roberta im Hotel Mama isst, könnte sie aber auch sagen: »Mm, das schmeckt einfach großartig!«

Mannequin *oder* Model

»Heut ist er *Unterhosen-Model* / ein Macho und ein Lustobjekt.«

Aus »Macho, Macho« von Rainhard Fendrich

»Claudia Schiffer *modelt* wieder für Chanel«

»Österreich« vom 1. Juni 2007

»Die Vorbereitungen für den Jungbauernkalender 2008 sind bereits angelaufen. Noch bis 15. Mai können sich mutige Männer und Frauen *als Models* bewerben, wenn sie sich mit Kuh, Traktor & Co. auskennen.

»Heute« vom 16. August 2005

Spätestens seit dem erfolgreichen Lied von Rainhard Fendrich ist das Wort *Model* auch breiten Schichten der Bevölkerung bekannt. *Model* hat den Ausdruck *Mannequin* ersetzt, nicht nur in Österreich, im gesamten deutschen Sprachraum. Warum? Schwer zu sagen.

Das Wort *Mannequin* stammt von französisch *mannequin* ab, die ursprüngliche Bedeutung hat Modellpuppe gelautet. Es geht zurück auf das niederländische *mannekijn* (= Männchen), die Verkleinerungsform von *man* (= Mann).

Das Mannequin – so hat man eine weibliche Person genannt, die Modekollektionen oder Modellkleider vorführt.

Und jetzt gibt es keine *Mannequins* mehr, nur noch *Models.* Auch dieses Wort hat ein sächliches Geschlecht, es kann zum Unterschied von *Mannequin* aber auch für männliche Personen am Laufsteg verwendet werden. Auch der Gleichklang mit *Fotomodell* hat wohl dazu beigetragen, dass in den letzten Jahrzehnten aus *Mannequins* fast durchwegs *Models* geworden sind. Außerdem lässt sich zu dem Substantiv *Model* auch ein Zeitwort bilden, es ist allerdings gewöhnungsbedürftig: *modeln.* Ich *model,* du *modelst,* er/sie/es *modelt;* wir *modeln,* ihr *modelt,* sie *modeln.*

Das Wort *Model* stammt vom gleich lautenden englischen Wort *model* ab, das auf ein französisches *modelle* und ein italienisches *modello* zurückgeht.

Wenn man sich mit Mode befasst, landet man also zwangsläufig bei den Franzosen und bei den Italienern.

Meeting *oder* Besprechung

»Acht Jahre sitzt Kriemhild Klais nun schon am Empfang von ›Grill & Thompson‹ ... Standardsätze wie: ›... ist in einem *Meeting*‹ oder ›... ist bei einem Termin außer Haus‹, hört man von Kriemhild Klais nur, wenn sie stimmen: Ausreden erfindet sie ungern.«

»Extradienst« vom 26. November 2004

»Wie im *Meeting* mit den Consultants besprochen, wird unsere Awareness-Kampagne dann nächstes Jahr gelauncht.«

Beispielsatz für Anglizismen; aus: Wikipedia, Stichwort »Denglisch«

Dass man mit englischen Fachausdrücken jongliert, wenn die Muttergesellschaft ein US-amerikanisches Unternehmen ist, kann ich ja noch verstehen. Aber warum müssen auch bei heimischen Betrieben und auch bei staatlichen Stellen die Anglizismen so überhandnehmen? Unlängst habe ich in einem Ministerium angerufen und die Pressestelle verlangt. Da sagt die junge Dame: »Der zuständige Herr ist gerade in einem *Meeting.* Wenden Sie sich bitte an unseren *Info-Point.* Vielleicht kann man Ihnen dort in der Zwischenzeit weiterhelfen.« Sehen wir uns diese merkwürdige Sucht nach englischen Ausdrücken am Beispiel des Wortpaares *Meeting* und *Besprechung* an! Das englische Zeitwort *to meet* drückt in

erster Linie aus, dass zwei oder mehrere Menschen einander begegnen. Unter *meeting* hat man ursprünglich ein Treffen unter Jägern verstanden, die Bedeutung »Zusammentreffen, um etwas zu besprechen« ist nach Angaben des »Online Etymology Dictionary« erstmals 1513 belegt.
Im 17. Jahrhundert hat man die Versammlungen der nonkonformistischen Gläubigen als *meeting* bezeichnet, heute gebrauchen von diesen Gruppen, die in Opposition zur Amtskirche stehen, nur noch die Quäker dieses Wort.
Die Ausdrücke *Meeting* und *Besprechung* weisen also auch aufgrund ihrer unterschiedlichen Etymologie einen feinen Bedeutungsunterschied auf. Wer etwas zu sagen hat, der wird dies wohl in einer *Besprechung* tun – nicht in einem *Meeting.*

Message *oder* Nachricht

Seit kurzem duzt mich mein »One«-Handy. Damit könnte ich noch leben. Wenn ich es nicht finde, duze ich zurück: »Ma, wo bist'n scho' wieder!«
Gleichzeitig hat sich ein englischer Ausdruck in die

automatischen Durchsagen eingeschlichen. Wenn ich meine Mailbox abrufe, sagt zunächst die mir vertraute Stimme: »Keine neuen *Nachrichten!* Drei abgefragte *Nachrichten* …«

Den Rest erklärt mir eine andere Person in rigidem Ton: »Zum Löschen einer *Message* drück einfach Zwei! Zum Wiederholen einer *Message* drück Sieben!«

Auch in anderen Bereichen wird das Wort *Nachricht* durch *Message* ersetzt. Warum? Beide Wörter sind zweisilbig, mit einer Zeitersparnis lässt sich also nicht argumentieren. »Könnte ich eine *Nachricht* hinterlassen?« – »Könnte ich eine *Message* hinterlassen?« Kein Unterschied!

Das Wort *Nachricht* ist im 17. Jahrhundert aus dem älteren Ausdruck *Nachrichtung* entstanden, gemeint war das, wonach man sich zu richten hat, also eine Anweisung. Später ist die Bedeutung *Mitteilung* hinzugekommen: »Sie haben eine *Sprachmitteilung* erhalten« – mit diesem Text sagt mir mein Handy, dass mir ein Anrufer etwas auf Band gesprochen hat.

Das englische Wort *message* ist Ende des 13. Jahrhunderts erstmals belegt. Es geht zurück auf altfranzösisch *message,* dieses auf mittellateinisch *missaticum* von lateinisch *missus,* das Partizip Perfekt von *mittere* (= senden).

Ein altes deutsches Wort wird also von einem noch älteren englischen Wort verdrängt, das lateinische Wurzeln hat.

Okay!
oder In Ordnung!
oder Passt!

Besichtigung in Delphi, die Führerin erklärt uns die antiken Stätten. Plötzlich unterbricht sie ihre Ausführungen: »Stört es Sie nicht, in der Sonne zu stehen?« »*Passt schon!*«, sagt Melita – wir genießen die Sonne Griechenlands auch dann, wenn es glühend heiß ist. Da setzt die Reiseleiterin einen wissenden Blick auf und meint: »Aha, Sie kommen aus Österreich!«

Damals ist mir mit einem Schlag bewusst geworden, dass *Passt!* ein Austriazismus ist: Wenn wir die Wendung im Ausland gebrauchen, dann werden wir sofort als Ösis identifiziert! Vermutlich hat die griechische Reiseleiterin im Norden Deutschlands studiert. Dort sagt man *Ist schon in Ordnung!* oder anglizistisch angehaucht *Es ist okay.* Aber niemand würde auf die Idee kommen, *Passt!* zu sagen.

O

Das Zeitwort *passen* ist dort zwar nicht gänzlich unbekannt, aber es wird mit einem stark eingeschränkten Bedeutungsumfang verwendet.

Sehen wir uns zunächst die Herkunft von *Okay!* und von *Passt!* an. Der Ausdruck *Okay!* ist Mitte des 19. Jahrhunderts in den USA entstanden. Es handelt sich um eine scherzhafte und absichtliche Fehlbuchstabierung: statt »all correct« – »oll korrekt«. Die Abkürzung ist dann 1840 im Präsidentenwahlkampf von den Demokraten popularisiert worden – ihr Kandidat Martin Van Buren stammte aus dem Dorf Kinderhook, weshalb man ihm den Spitznamen Old Kinderhook gegeben hat. Van Buren verlor die Wahl, aber *o. k.* blieb bestehen, weil man damit bequem seine Zustimmung auf Dokumenten zum Ausdruck bringen konnte. Bei *Okey-dokey* handelt es sich um einen studentischen Ausdruck, er ist 1932 erstmals dokumentiert.

Das Wort *passen* ist im 13. Jahrhundert aus französisch *passer* (= vorübergehen, hingehen) entlehnt worden. Wie wir Kluges »Etymologischem Wörterbuch« entnehmen können, dominierten zunächst die Bedeutungen »gut sitzen, angemessen sein«. Eine weitere Bedeutung ist im Mittelalter im Norden des deutschen Sprachraums und in den Niederlanden entstanden: »sich hinwenden«. Dies hat zu *aufpassen* und *etwas verpassen* geführt. Außerdem wird *passen* dann verwendet, wenn ein Kleid »gut sitzt«.

Die Wendung *Passt schon!* im Sinn von »Das ist in Ordnung« und »Gut so!« ist auf den Süden des Sprachraums inklusive Österreich beschränkt. Bei uns ist »passen« ein schillernder Ausdruck. *Passt!* kann auf der einen Seite heißen: »Ich bin mit einer Sache einverstanden – mit dem Terminvorschlag, mit der Projektkalkulation, mit dem Briefentwurf ...« Wenn ich dem Kellner Geld gebe, dann heißt *Passt!* so viel wie »Der Rest ist für Sie!«. *Passt!* ist ein Ausdruck der Bestätigung, des Einverständnisses, man bringt damit zum Ausdruck, dass man mit einem Zustand (gerade noch) zufrieden ist. Gut gewählt ist das Beispiel im »Variantenwörterbuch des Deutschen« von Ulrich Ammon: »Ich habe versucht, so wenig Fehler wie möglich zu machen. Es wäre noch etwas mehr möglich, aber es passt schon.«

Kleine Nachbemerkung: Auf der anderen Seite dient *Passt!* aber auch als Unmutsäußerung. Ja wie denn das?

Günther Paal tritt in der ORF-Sendung »Donnerstalk« als »Experte für eh alles« auf. Als Kabarettist nennt er sich Gunkl, und in seinem dritten Programm war eine kurze Passage über *Passt!* zu finden. »Wenn Sie Handwerker daheim haben, und die reparieren – sagen wir – Ihren Durchlauferhitzer, und Sie hören zufällig, wie ein Handwerker zum andern sagt: *Paaasst!* – sofort ausbezahlen, wegschicken, den Gashaupthahn abdrehen, am besten gleich den vom ganzen Bezirk, und neue Handwerker suchen! Ein Handwerker, der im Zuge seiner Arbeit *Paaasst!* sagt, ist gerade dabei, den Sergej-Mechanskij-Orden für mutige Montage zu verdienen; *Paaasst!* heißt nämlich: ›Es passt nicht, aber ich scheiß jetzt drauf, weil bis ich weg bin, wird das schon halten.‹« Das ist gut beobachtet. Die Bedeutung hat sich in diesem Fall ins Gegenteil verkehrt. Diese Wirkung wird dadurch erzielt, dass man den Vokal in die Länge zieht

und ein schmerzverzerrtes Gesicht macht – gepaart mit einem Ausdruck der Hilflosigkeit. Vielleicht schlägt der Handwerker noch einmal wütend mit der Faust auf den Durchlauferhitzer, dann packt er alles zusammen und flieht vom Schauplatz der Tat.
In Wien sind eine Zeit lang Plakate von »Cosmos« affichiert gewesen: ganz groß das Logo, darunter »Auswahl. Service. Bestpreis«. Und dann der Clou: Das Wort »Paaasst!« schießt perspektivisch auf uns zu – mit dreifachem a! Hat sich da ein unterbezahlter Werbetexter und Gunkl-Fan einen bösen Scherz erlaubt? Oder hat der Texter nicht gewusst, was diese Wendung aus der Geheimsprache der Handwerker bedeutet?

Polstersessel *oder* Fauteuil

»Der Suchbegriff ›Fauteuil‹ wurde nicht gefunden!«
Ergebnis einer Web-Recherche bei www.interio.at

Wenn ich ein gepolstertes und bequemes Sitzmöbel mit Armstützen sehe, sage ich: »Das ist ein *Fauteuil!*« Die Tiroler und die Vorarlberger würden sagen: »Das ist ein Polstersessel«. Dort ist in diesem Fall der Sprachgebrauch Deutschlands die Norm.

Klarerweise stammt *Fauteuil* aus dem Französischen, das weiß jedes Kind. Aber wer weiß, dass dieses Wort germanische Wurzeln hat? Der französische Ausdruck *fauteuil* geht zurück auf altfranzösisch *faldestueil* und *faldestoel;* in dieser Lautform ist noch der deutsche Ausdruck »Faltstuhl« erkennbar.

Fauteuil wird in Österreich mit der Präposition »in« verbunden: »Komm, setz dich *in* den Fauteuil!« In gleicher Weise verwendet man in Deutschland die Präposition *in,* wenn es um einen *Polstersessel* geht: »Komm, setz dich *in* den Sessel!«

Manche österreichischen Einrichtungshäuser gebrauchen Begriffe wie *Polstersessel* auch dann, wenn der im österreichischen Deutsch traditionelle Ausdruck *Fauteuil* stehen sollte. Bei »Interio« verkürzt man sogar nach deutschem Muster von *Polstersessel* auf *Sessel.* Dort werden sogar ganz massive Sitzmöbel mit Polsterung und Armlehnen nicht als *Fauteuil,* sondern als *Sessel* bezeichnet.

Präteritum *oder* Perfekt

Sven Gächter, einer der Chefredakteure des »Profil«, kritisiert die Sprache der »Zeit im Bild 1«. Das Flaggschiff »nicht nur des öffentlich-rechtlichen, sondern schlechterdings des österreichischen Nachrichtenjournalismus« befinde sich »in einem Stadium akuter sprachlicher Verwahrlosung«, schreibt er in der Ausgabe vom 19. März 2007. »Dass die deutsche Sprache über ein durchaus klar und sinnvoll geregeltes System der Tempora – vulgo: Zeitformen – verfügt, hat sich offenbar nie bis in den Newsroom durchgesprochen. Eher würde man sich dort die Zunge abbeißen, als etwa die Vergangenheitsform ganz im Sinne der Schulgrammatik mit dem Präteritum zu bilden. ›Ausschreitungen sind befürchtet worden‹, sagt Danielle Spera, ohne mit der Wimper zu zucken ... Besonders Imperfekt-resistent plappert sich Tarek Leitner durch seine Moderationen. Da ›ist‹ ein Stück ›vor einem Jahr uraufgeführt worden‹, ›hat‹ die Tauernautobahn ›gesperrt werden müssen‹ oder eine Frau ›aus den Trümmern nicht mehr gerettet werden können‹. Wie man Leitner & Co aus den Trümmern ihrer Sprachkompetenz rettet, hat sich im Zuge der ›größten ORF-Programmreform‹ aller Zeiten mit Sicherheit niemand überlegt.«

Na, Gott sei Dank reden Danielle Spera und Tarek Leitner so und nicht anders. Denn das System der Tempora sieht eindeutig vor, dass das Perfekt immer dann verwendet werden muss (!), wenn das Ergebnis oder die Folge eines Geschehens auch noch in der Gegenwart von Belang ist. Wie soll ich es ihm am besten erklären? Wenn im Winter über Nacht Schnee gefallen ist und er macht in der Früh das Fenster auf, dann sagt er richtigerweise: »Aha, es hat geschneit!« Und nicht: »Aha, es schneite!«

Das Perfekt wird auch immer dann verwendet, wenn ein genauer Zeitpunkt angegeben ist. »Ich habe diese Reise schon einmal vor drei Jahren gemacht.« – »Georg hat vorgestern ein Mittel gegen Blattläuse gekauft.« – »Eben ist der Zug eingefahren.«

Oft wird auch eine Erzählung mit dem Perfekt begonnen – dies erhöht die Aufmerksamkeit des Zuhörers: »Stell dir vor, was mir heute in der Früh passiert ist ...«

Dass ORF-Moderatoren das Perfekt häufig verwenden, ist also kein Wunder. Sie berichten über Geschehnisse, die eben passiert sind, deren Ergebnis vorliegt und die zumindest in naher Zukunft für Gesprächsstoff sorgen werden. »Das Zentrum von London *ist* heute von mehreren Bombenanschlägen *erschüttert worden ...*«

Das Präteritum (früher Imperfekt oder Mitvergangenheit genannt) dient hingegen zur Schilderung chronologischer Abläufe (eine Alternative ist das historische Präsens). »Die

Wucht der ersten Explosion war so stark, dass die Fensterscheiben der benachbarten Häuser *zerbarsten.* Die Menschen *flohen* in Panik in eine nahegelegene Fußgängerpassage. Als die Rettungsmannschaften am Schauplatz *eintrafen, bot* sich ihnen ein Bild des Grauens …«

Einer oder mehrere Einleitungssätze stellen also den Bezug zur Gegenwart her, anschließend wird der chronologische Ablauf im Präteritum geschildert.

Diese Konvention wird durch den Umstand überdeckt, dass man im Norden des Sprachraums eher das Präteritum als mündliche Erzählform gebraucht, im Süden eher das Perfekt. Wir verwenden daher in der gesprochenen Alltagssprache die Präteritumformen nur stark eingeschränkt, und zwar bei *sein,* bei Modalverben wie *können, müssen, sollen, wollen* etc. und bei häufig gebrauchten Vollverben wie *geben, liegen, kommen* etc. Dies hat zur Folge, dass ARD-Moderatoren das Präteritum öfter verwenden als ORF-Moderatoren.

Manche in Österreich glauben allerdings, das Präteritum wäre eine »bessere Zeit« als das Perfekt – das ist eine Art sprachlicher Minderwertigkeitskomplex.

Wir sehen das dann, wenn ein »Mann von der Straße« interviewt wird. Er hat sein Leben lang im Perfekt erzählt, kaum ist eine Fernsehkamera auf ihn gerichtet, verfällt er in ein gestelztes Präteritum. Er verwendet in diesem Fall das Präteritum auch dort, wo das Perfekt hingehört.

»Richtiges Österreichisch ist anders als richtiges Deutsch«, hat Hans Weigel einmal gesagt. »Aber nicht alles falsche Deutsch, das Sie in Österreich hören, ist darum auch gleich richtig.«

Das Perfekt ist heute ganz eindeutig im Kommen. Es breitet sich von der gesprochenen in die geschriebene Sprache aus und gleichzeitig vom Süden in den Norden. Das mehrteilige Perfekt *(ich bin gelaufen)* verdrängt also das einteilige Präteritum *(ich lief)*. Auch in anderen zentraleuropäischen Sprachen lassen sich derartige Tendenzen feststellen.

Warum erfreut sich das Perfekt einer zunehmenden Beliebtheit? Es klingt persönlicher, freundlicher, sympathischer. Das Präteritum wirkt distanziert, seine Diktion erinnert an einen Polizeibericht. Warum sollten Danielle Spera und Tarek Leitner so reden?

Kleine Nachbemerkung: Die Namen der Tempora sind aus dem Lateinischen einfach übernommen worden, obwohl sie für die deutsche Sprache ungeeignet sind. In der Duden-Grammatik 2005 wird erstmals eine neue Terminologie verwendet. Sie ist vernünftig, die nächste Generation wird sie in der Schule lernen.

P

Präsens: ich vergesse es
Präsensperfekt: ich habe es vergessen
Doppeltes Präsensperfekt: ich habe es vergessen gehabt

Präteritum: ich vergaß es
Präteritumperfekt: ich hatte es vergessen
Doppeltes Präteritumperfekt: ich hatte es vergessen gehabt

Futur: ich werde es vergessen
Futurperfekt: ich werde es vergessen haben
Doppeltes Futurperfekt: ich werde es vergessen gehabt haben

Rührei *oder* Eierspeis(e)

»Rührei mit Schnittlauchblüten«
Rezept auf www.gast.at – nach Eigendefinition das »interaktive Branchenportal für Gastronomie und Tourismus in Österreich«

Überall im gesamten deutschen Sprachraum nennt man ein Gericht aus mit Milch verrührten Eiern, das leicht angebraten wird, *Rührei*. Überall? Ein kleines Volk im Alpenraum leistet Widerstand – dort heißt dieses Gericht *Eierspeis(e)*. In der Bevölkerung dieses Landes wird *Rührei* zwar verstanden, aber niemand kommt auf die Idee, diese Speise *Rührei* zu nennen. Wirklich niemand?

Das obige Zitat zeigt, dass wichtige Medien der österreichischen Gastronomie auf unsere Sprachgepflogenheiten wenig Rücksicht nehmen und *Rührei*-Rezepte anbieten. Sie sollten sich die Gallier zum Vorbild nehmen.
Wie alt dieser Sprachunterschied ist, zeigt eine Eintragung im Zettelkatalog von Johann Siegmund Popowitsch. Er war zu Zeiten Maria Theresias Universitätsprofessor für deutsche Sprache an der Wiener Universität und hat die damaligen Sprachgepflogenheiten gewissenhaft dokumentiert.
Sein Vermerk zum Stichwort *Eierspeise* enthält auch gleich das Rezept: »Die Eier werden mit Milch abgerührt (gequirlt), in heißes Schmalz gegossen und beständig gerührt. Man tut auch Sardellen darunter.« Dann vermerkt er, dass die Sachsen zu dieser Speise *Gerührte Eier* oder *Eiercreme* sagen. Aus *Gerührte Eier* ist später *Rührei* geworden.

R

Sahne *oder* Rahm/Obers

»Dany+Sahne: Der köstliche Pudding mit dem ›Sahnehäubchen‹ war das erste Danone Produkt in Österreich, und hat sich nicht zuletzt deshalb zu einem Klassiker unter den heimischen Milchfrischedesserts entwickelt. Dany + Sahne wird aus bester Tiroler Alpenmilch hergestellt.«
Werbetext von »Danone-Österreich«

Da werden sich aber die Tiroler Kühe wundern, dass aus ihrer Milch *Sahne* hergestellt wird und nicht *süßer Rahm*. Wobei man schon sagen muss – in diesem Fall geht es im deutschen Sprachraum drunter und drüber. Das Servicepersonal muss schier verzweifeln.
Dörte stammt aus Mecklenburg-Vorpommern. Sie hat sich in einen Burgenländer verliebt und lebt nun in Rust. Dort findet sie keine Arbeit als Kellnerin, weil im Service vor allem Ungarn tätig sind. So pendelt sie jeden Tag nach Wien. »Bei uns zu Hause hat man immer *Sahne* verwendet«, erzählt Dörte. »Aber als ich unlängst einen Wiener fragte, ob er *Schlagsahne* möchte, sah er mich verwundert an. Bei anderen Gästen versuchte ich es mit *Schlagrahm,* aber da machten nur die Westösterreicher ein zufriedenes Gesicht. Es dauerte lange, bis ich begriff, dass man in Wien zum Kaffee *Obers* nimmt, zur Sachertorte *Schlag* und zu Beeren *Sauerrahm*.«

Schlagobers (Kurzform: *Schlag*) ist in Österreich weiter verbreitet als *Obers.* Denn das Wort *Obers* verwendet man genau genommen nur in Oberösterreich, sporadisch in Niederösterreich und in Nordburgenland (überall neben *Rahm*). *Schlagobers* wird hingegen in Salzburg, Oberösterreich, Niederösterreich, Wien und im Burgenland gebraucht, vereinzelt in Tirol, Kärnten und in der Steiermark. Im Osten nennt man das saure Produkt *Rahm (Sauerrahm* oder *saurer Rahm),* das süße hingegen *Obers (Schlagobers, Kaffeeobers). Obers* ist eigentlich »das Obere der Milch«, der Ausdruck ist sehr jung, er stammt aus dem 19. Jahrhundert.
Rahm ist ein altes deutsches Wort. Es ist schon im 11. Jahrhundert belegt, im Mittelhochdeutschen war *roum* gebräuchlich. Die neuhochdeutsche Form beruht auf einer Mundart, die mittelhochdeutsch *ou* zu *â* entwickelt hat. Wo in der Bedeutung zwischen *Rahm* und *Sahne* unterschieden wird, bezieht sich *Rahm* eher auf den *sauren Rahm.*
Sahne ist im 14. Jahrhundert im Süden der Niederlande sowie im Norden und in der Mitte Deutschlands in Erscheinung getreten. Wahrscheinlich geht es zurück auf altfranzösisch *saime* (= Rahm). Es ist vermutlich in Brabant in seiner Bedeutung festgelegt und durch die Ostkolonisation nach Deutschland gebracht worden.
Der Sprachunterschied hat auch sein Gutes. Wenn man im Supermarktregal *Kaffeeobers* findet, dann kann man davon ausgehen, dass es sich um ein österreichisches Produkt han-

delt. Eine *Kaffeesahne* hat oft hunderte Kilometer mit dem LKW zurückgelegt – von einer Molkerei in Deutschland bis zum Supermarkt am Eck. Gleiches gilt für *Haltbarschlagsahne* und für zahlreiche andere Milchprodukte. Man muss gar nicht auf das Kleingedruckte schauen, um zu wissen, woher die Ware kommt …

Kleine Nachbemerkung: Fleischhauer kommen manchmal auf sonderbare Ideen. Was soll man von einem »Backofensteak Zwiebelsahne« halten? Es wird von Norbert Marcher, einem Vermarktungsunternehmen für Rind- und Schweinefleisch in Villach, angeboten. Gemeint ist wohl eine *Rahmsauce mit Zwiebeln*.

Schnäppchen *oder* Mezzie

»Wo finden Sie sooooo kleine Preise?
Im *Mezzienshop* in dieser Filiale!«
Aufschrift auf einer Werbetafel von »Cosmos«, Wien

Der Einfluss des Jiddischen ist in der Bundeshauptstadt Wien und in seiner Umgebung besonders stark. Hier ist *Mezzie* ein gängiger Ausdruck für »günstiger Kauf«.
Das Wort steht in Konkurrenz zu *Schnäppchen,* das vom Westen Österreichs auch schon in den Osten vordringt. Da steckt *schnappen* dahinter, ich stelle mir einen gierigen Käufer vor, wie er Sonderangebote hastig aus dem Regal nimmt und in den Einkaufswagen wirft.
Mezzie leitet sich hingegen von hebräisch *m'ziah* (= Fund) ab. Das Wort wird mit Doppel-*z* geschrieben, das sollte uns aber nicht zu einer falschen Betonung auf der ersten Silbe verleiten.
Mezzie zählt tatsächlich zu den bedrohten Wörtern Österreichs. Auf der Website von »Cosmos« kann man seit kurzem nur noch die Leiste »Schnäppchen« anklicken!
Man sollte *Mezzie* unter einen sprachlichen Artenschutz stellen. Ich möchte ja niemandem das Wort *Schnäppchen* madig machen, aber es wäre traurig, wenn es eines Tages nicht einmal mehr im Osten Österreichs eine *Mezzie* geben sollte.

Schrank *oder* Kasten

»Klassischer *Schwebetürschrank* in schlichtem Design. Der *Kasten* besteht aus 2 Schiebetüren, 1 Boden und 1 Stange zum Hängen Ihrer Kleider. Maße: Breite: 90 cm. Höhe: 175 cm. Tiefe: 50 cm.«
www.leiner.at

Ein Möbelstück zum Verstauen von Kleidern, Gebrauchsgegenständen und Lebensmitteln wird in Österreich traditionell *Kasten* genannt. Im übertragenen Sinn bezeichnet man mit *Kasten* ein großes nüchternes Gebäude.
Allerdings verwenden die österreichischen Einrichtungshäuser heute meist *Schrank* an Stelle von *Kasten*. Wenn eine ganze Wand verbaut wird, handelt es sich um einen *Einbauschrank* – in diesem Fall kann *Kasten* gar nicht mehr gebraucht werden. Ich habe den Eindruck, dass wir *Kasten* höchstens dann noch verwenden, wenn es sich um einen zweiflügeligen Kleiderkasten handelt. Aus dem *Eiskasten* ist ja auch längst ein *Kühlschrank* geworden.
Im Mittelalter hat man sich unter dem Begriff *kasto* oder *kaste* einen Behälter vorgestellt. Die Bedeutungsübertragung auf ein aufrechtes absperrbares Möbelstück zur Aufbewahrung von Kleidern etc. hat nur in Österreich, in der Schweiz und in Süddeutschland stattgefunden. Das Wort *Schrank* ist

älter, hat jedoch ursprünglich »Absperrung« oder »Gitter« bedeutet (vgl. unseren Ausdruck »Schranke«). Erst später ist damit ein absperrbares Möbelstück der oben beschriebenen Art gemeint gewesen.
Kasten wird auch in Deutschland verwendet, bedeutet dort aber etwas völlig anderes. Im deutschen Deutsch hat *Kasten* die Bedeutung »Bierkiste«. Der österreichische Fußballfan kauft vor einem Fernsehabend »eine Kiste Bier«, der deutsche »einen Kasten Bier«.
Außerdem wird eine unter der Tischplatte angebrachte verschiebbare *(Schub-)Lade* in Deutschland als *Tischkasten* bezeichnet. Na, soll sein.

Schweinebraten *oder* Schweinsbraten

Abendessen beim »Steinmaurer« in Gmunden. »Schau, hier gibt es *kalten Schweine(!)braten, garniert*«, sagt Melita nach einem Blick in die Speisekarte. »Haben die so viele Gäste aus Deutschland oder arbeitet da ein deutscher Koch?« Melita bestellt *Tafelspitz auf (!)*

Schnittlauchsauce**, ich nehme zähneknirschend ›*****Rin-der(!)braten in Burgundersauce*****‹.**

Auch in Supermärkten kann man hin und wieder *Schweinebraten* statt *Schweinsbraten, Schweineschnitzel* statt *Schweinsschnitzel, Schweinesteak* statt *Schweinslungenbraten* finden. Da sich die Ketten rühmen, nur österreichisches Fleisch anzubieten, setzen sie sich damit dem Verdacht aus, entgegen ihren Werbeversprechen ausländische Ware im Kühlregal zu haben. Ein Blick auf das Etikett zeigt allerdings, dass das Fleisch ohnedies aus Österreich stammt.

Manche Fleischhauer schmeißen die Nerven weg, wenn in der Wortfuge zwei s zusammenstoßen. Sie schreiben beispielsweise *Schweineschopfbraten* auf das Etikett, um *Schweinsschopfbraten* zu vermeiden.

Das ist ein Irrtum – gegen *Schweinsschopfbraten* ist aus sprachlicher Sicht nichts einzuwenden. Dass sich manche Gastronomen an den Gast aus Deutschland sprachlich anbiedern, muss verwundern. Wenn wir nach Italien, Spanien oder Griechenland fahren, wollen wir ja auch wissen, wie die nationalen Gerichte in der jeweiligen Landessprache heißen. Um Verständnisprobleme bei Besuchern aus dem Norden Deutschlands zu vermeiden, würde es genügen, wenn auf den Speisekarten da oder dort der entsprechende Begriff des deutschen Deutsch in Klammer dabeisteht.

Kleine Nachbemerkung: Allen Gastronomen empfehle ich die Lektüre des Buches »Die österreichische Küchensprache« von Heinz Dieter Pohl. In diesem Lexikon werden die Begriffe der österreichischen Kulinarik aus sprachwissenschaftlicher Sicht analysiert. Außerdem findet man in einem »Umkehrlexikon« die entsprechenden Ausdrücke des deutschen Deutsch.

Am Cover prangt das Bild eines Wiener Schnitzels – zu Recht, denn Pohl räumt als erster Wissenschafter mit der Legende auf, dass Radetzky das Wiener Schnitzel 1848/49 aus Mailand mitgebracht hat – demnach wäre es ja eine Abwandlung des *costolleta milanese.* Zuvor hat schon Richard A. Zahnhausen diese Legende ins Wanken gebracht. Walter Riedl, Besitzer einer eindrucksvollen Sammlung alter Kochbücher, hat darauf hingewiesen, dass sich schon in einem 1831 erschienenen Kochbuch der Anna Maria Neudecker ein Rezept mit der Bezeichnung »Wiener Schnitzel vom Kalbfleisch« findet. Schon Anfang des 18. Jahrhunderts war es in Wien üblich, Fleischstücke »mit zerklopften Eyern und mit angemachten geriebenem Brod« zu panieren und in Schmalz herauszubacken.

Interessant ist in diesem Zusammenhang eines: Die angebliche Mailänder Herkunft des Wiener Schnitzels ist 1969 von einem italienischen Journalisten als absichtliche Falschmeldung in die Welt gesetzt worden. Dabei findet man das »Wiener Schnitzel« auch schon in Kochbüchern vor 1848/49,

Rezepte von Backhendln trugen damals den Vermerk »nach Wiener Art«. Warum ist die Legende fast 40 Jahre lang von unseren Kochbuchautoren und Gourmetjournalisten nachgebetet und sogar noch ausgeschmückt worden?

Ebenfalls mit Fugen-s im österreichischen Deutsch (und ohne Fugen-s im deutschen Deutsch):

Bahnhofsbuffet, Gepäcksaufbewahrung, Zugsabteil, Zugsunglück etc.
Spitalsabteilung, Spitalsärztin etc.
Gelenkschirurgie, Gelenksentzündung etc.
Fabriksarbeiter, Fabriksgebäude, Fabriksgelände, Fabrikshalle, fabriksneu etc.
Bestandsaufnahme, Bestandsgarantie, Bestandsjubiläum etc.

Achtung, in einigen Ausnahmefällen ist es genau umgekehrt (Fugen-s im deutschen Deutsch, nicht bei uns):

Adventkalender, Adventkranz etc.
Tabakbeutel, Tabakdose etc.

Shoppen *oder* einkaufen

»Beim *Shoppen* kann man die Welt verbessern.«
»Rewe-Austria«-Vorstand Werner Wutscher im Gespräch mit der Tageszeitung »Österreich« vom 6. Juni 2007

»Sündhaft günstig *shoppen!*«
Aufschrift im »Designer-Outlet Parndorf«

»Mit Mausi auf Einkaufstour. Frauen und Online-Shoppen.«
»Kurier« vom 11. Juli 2007

Als das Zeitwort *shoppen* in den deutschen Sprachraum gelangt ist, hat es zunächst so ausgesehen, als würde der klassische Ausdruck *einkaufen* zum Aussterben verurteilt sein. Doch dann ist das eingetreten, was in derartigen Fällen oft passiert: Beide Wörter sind nach wie vor in Gebrauch, allerdings ist es zu einer Bedeutungsdifferenzierung gekommen. Die Artikel des täglichen Bedarfs werden *eingekauft,* beim *Shoppen* schaut man sich eher nach neuen Kleidern, Schuhen etc. um. In Anlehnung an *window shopping* gehört auch ein ausführlicher »Schaufensterbummel« dazu – ohne den geht es einfach nicht.

S

Es ist daher plausibel, dass die Begriffe *Einkaufszentrum* und *Shopping Center* heute nebeneinander stehen. Zum *Shoppen* braucht man viel mehr Muße und viel mehr Geld als zum

Einkaufen, wo alles schnell gehen muss und besonders billig sein soll. Beide Begriffe haben also etwas für sich.
Eine extreme Form des *Shoppens* wird seit Neuestem als *Powershoppen* bezeichnet. Glaubt man den Gesellschaftskolumnisten der Zeitungen und Zeitschriften, dann frönen Prominente wie Paris Hilton oder Elton John diesem Hobby – wahllos einkaufen, egal was es kostet. Auch den Ehefrauen von Ölscheichs und russischen Milliardären werden derartige Laster nachgesagt.
Das Wort *kaufen* ist seit dem 8. Jahrhundert Teil des Standardwortschatzes. Es handelt sich um eine frühe Entlehnung aus dem Lateinischen, und zwar geht es entweder auf *caupo* (= Schankwirt, Kleinhändler) oder auf *cauponari* (= schachern) zurück.
Das Wort *shop* (= Geschäft) ist im Englischen seit dem 13. Jahrhundert belegt. Es stammt wahrscheinlich von altenglisch *scoppa* ab (= Laden für Waren oder für Werkzeuge, ev. überdacht). Im 17. Jahrhundert ist daraus ein Zeitwort entstanden: »ein Ware in ein Geschäft bringen, zum Verkauf anbieten«. Die Bedeutung »Geschäfte besuchen« ist laut »Online Etymology Dictionary« 1764 erstmals belegt, seit 1922 sagt man auch *to shop around.* Und weil das Wort *shoppen* aus dem Englischen stammt und in der Internetbranche Anglizismen einen guten Klang haben, verwendet man es heute auch gerne für Internet-Einkäufe: *Online-Shopping.*

Kleine Nachbemerkung: Die »Shopping City Süd« (SCS) am südlichen Stadtrand von Wien hat sich inzwischen einen neuen Namen gegeben. Auf den Wegweisern steht seit kurzem: »SCS Shopping Mall«.

Da bedarf es schon recht guter Englischkenntnisse, um das zu verstehen. Eine *shopping mall* ist ein Einkaufszentrum mit einer größeren Zahl an Einzelgeschäften. Die Kunden können in einer überdachten Straße von Geschäft zu Geschäft gehen und ungestört bummeln.

Der Ausdruck geht zurück auf eine Allee im Londoner St. James's Park. Im 17. Jahrhundert hat man dort *pall-mall* gespielt, ein Freizeitsport, der dem Krocket nicht unähnlich ist. 1737 ist dann erstmals die Bedeutung »schattiger Spazierweg, als Promenade dienend« belegt, 1963 die Bedeutung »überdachtes Einkaufszentrum«.

Bei dem Spiel *pall-mall* ist es darum gegangen, mit einem Holzhammer einen Ball durch einen Ring zu schlagen. Das Herkunftswort ist französisch *pallemaille* und italienisch *pallamaglio,* von *palla* (= Ball) und *maglio* (= Hammer).

Die »SCS Shopping Mall« ist also ihrer Herkunft nach ein »Einkaufshammer«.

Soße *oder* Sauce

»*Sauce* erspart uns das unnatürliche und dem österreichischen Sprachgefühl höchst unwillkommene Schluss-e auszusprechen, welches ein echtes Anliegen der *Soße* ist.«
Friedrich Torberg (1908–1979)

Wieso ist aus der französischen *Sauce* eine norddeutsche *Soße* geworden?
In Frankreich hat *Sauce* ein stimmloses S im Anlaut, das e am Schluss wird nicht gesprochen. Im Zuge der Entlehnung wird in Deutschland aus dem stimmlosen S ein stimmhaftes S, das an sich stumme e am Wortende wird ausgesprochen. Dadurch entsteht ein für den deutschen Wortschatz typischer Zweisilber mit Erstbetonung. Dass das s nach einem langen Vokal als ß geschrieben wird, entspricht den Regeln. Von der Form her erinnert nun nichts mehr an die französische Herkunft!
Die meisten von uns können mit diesem lautlichen und schriftlichen Kraftakt nichts anfangen. Wir sprechen das s in der Alltagskommunikation stimmlos aus, auch in diesem Fall. Die e-Laute am Wortende verschlucken wir. Das Schriftbild des französischen Originals entspricht daher unseren Aussprachegewohnheiten. Friedrich Torberg hat recht gehabt – wir müssen der Versuchung widerstehen, nach

norddeutschem Vorbild *Soße* zu schreiben, nur dann besteht keine Gefahr, dass wir *Soße* sagen.

Außerhalb der Küchensprache bedeutet *Soße* in Österreich – und genauso auch in Deutschland – so viel wie »feuchter, breiiger Schmutz«. Grauslich. Hier ist die Schreibung *Soße* gerechtfertigt.

S

Stuhl *oder* Sessel

Robert Menasses Roman »Sinnliche Gewissheit« spielt in Brasilien. An einer Stelle des Werks kracht die aus Wien stammende Hauptfigur mit einer Professorin aus Deutschland zusammen. »Ich komm zur Sitzung, und wie wir uns also alle so niedersetzen, seh ich, dass ein Sessel fehlt. Ich sage, dass ich schnell einen holen gehe. Sagt eine Professorin: Was holen Sie? Sage ich: *Einen Sessel!* Darauf sie: Das heißt *Stuhl* – na ja, Sie werden schon noch Deutsch lernen bei uns!« Menasses Romanfigur qualifiziert dies als »patzigen Herrenmenschenirrsinn«.

Ausgangspunkt für diese Episode war ein Streit des Schriftstellers mit dem Rowohltverlag. Der Lektor wollte alle *Sesseln* im Text streichen und durch *Stühle* ersetzen. Da hat Robert Menasse die oben wiedergegebenen Absätze eingefügt, um die geplanten Eingriffe zu verhindern.
Das klassische Sitzmöbel der einfachen Art (ohne Polsterung und ohne Lehne) heißt nämlich in Österreich vorwiegend *Sessel,* in Deutschland hingegen immer *Stuhl.* Verwendet ein Deutscher das Wort *Sessel*, dann meint er ein gepolstertes Sitzmöbel mit Armlehne.

Robert Sedlaczek

Der Sprachgebrauch zwischen Süd und Nord spießt sich immer dann, wenn es um konkrete Sitzgelegenheiten geht. Ein Österreicher wird zu einem gepolsterten Sitzmöbel mit Armlehne nicht *Sessel* sagen – wir haben ja auch noch das Wort *Fauteuil!* Ein Deutscher hat hingegen seine Probleme, wenn eine einfache Sitzgelegenheit (ohne Polsterung, ohne Armlehne) als *Sessel* bezeichnet wird.

Dass wir einfache Sitzgelegenheiten in manchen Fällen auch als *Stuhl* bezeichnen, ohne gleich an einen Teutonismus zu denken, ist ebenfalls ein Faktum. *Stuhl* ist in Österreich sogar mundartlich verankert – oft geht es um ein ganz primitives Sitzmöbel im bäuerlichen Bereich, es kann auch eine kleine Bank sein. Angesichts dieses Umstandes ist es erstaunlich, dass manche Österreicher das Wort *Stuhl* generell ablehnen und nur *Sessel* als heimisch empfinden.

Dass sie sich gleichzeitig wehren, einen *Fauteuil* als *Lehnsessel* oder *Armsessel* zu bezeichnen, ist hingegen verständlich. Österreichische Möbelhäuser, wie beispielsweise »Leiner« scheuen sich auch nicht, einen Fauteuil als *Fauteuil* zu etikettieren.

Takeaway *oder* To go *oder* Zum Mitnehmen

Im Speisewagen des »ÖBB-EuroCity 161, Maria Theresia« sehe ich eine ausgehängte Preisliste mit der Überschrift *Takeaway*.
»Heißt das, ich zahle weniger, wenn ich eine Flasche ›Ottakringer Helles‹ ins Abteil mitnehme?«
»Nein, die Preise sind gleich. Aber wenn Sie die Flasche Bier ins Abteil mitnehmen, zahlen Sie zusätzlich 20 Cent Einsatz. Sie bekommen diesen Einsatz zurück, wenn Sie uns die Flasche vorbeibringen.« Die Bahn, oder besser gesagt der von ihr beauftragte Restaurationsbetrieb, vermag sogar dem Wort *Takeaway* einen negativen Klang zu geben.

In diesem Fall drängen gleichzeitig zwei neue Ausdrücke in den deutschen Sprachraum: einer aus England und einer aus den USA. Als *takeaway* bezeichnet man in England »ein Essen zum Mitnehmen«, aber auch »ein Lokal, das Essen zum Mitnehmen« anbietet. Ein Amerikaner drückt sich anders aus. Wenn er zwei Hamburger zum Mitnehmen bestellt, sagt er: »Two Hamburgers *to go*, please!«

Beiden Ausdrücken begegnen wir auch in Österreich. Schon vor 10 oder 15 Jahren konnte man im Do & Co. am Stephansplatz Essen zum Mitnehmen kaufen. Auf der Rechnung stand dann *Takeaway*.
Die amerikanische Variante habe ich vor kurzem bei einem Bäcker gesehen. Er bietet Kaffe zum Mitnehmen an – unter der Bezeichnung *Coffee to go*.

Ticket *oder* Karte

»Schni-Schna-Schnäppchen / *Ticket-Ticket*-Schnapp / Schni-Schna-Schnäppchen / ja jetzt haun wir ab!«
ÖBB-Werbeslogan

»Mit dem ›ÖBB-Online-*Ticket*‹ bestellen Sie Ihr *Ticket* im Internet. Sie drucken Ihr *Ticket* sofort selber aus und treten die Reise an.«
www.oebb.at

T

»Im September kommen ›The Police‹ nach Wien. Gestern startete der *Ticketverkauf*. Nach drei Stunden waren 15.000 Karten weg.«
Tageszeitung »Österreich« vom 20. März 2007

»*Sprachtickets* sind ein ›Misserfolg‹«
»Kurier« vom 6. Juni 2006

Der Ausdruck *Ticket* greift um sich, er kann »Fahrkarte«, »Eintrittskarte«, »Zählkarte«, »Theaterkarte«, »Kinokarte« und sogar »Strafzettel« bedeuten. »Sprachtickets« heißen die von Bundesminister Elisabeth Gehrer eingeführten Gutscheine zur sprachlichen Förderung von Kindern.

Ein Wegbereiter im Verkehrsbereich waren die ÖBB. Schon seit einiger Zeit gibt es dort nur mehr *Tickets,* keine *Fahrkarten.* In den großen Städten sieht es bei den öffentlichen Verkehrsmitteln nicht viel anders aus.

Dabei hat der Begriff *Fahrkarte* erst vor einiger Zeit den Ausdruck *Billett* ersetzt. Jetzt geht es ihm selbst an den Kragen. Der Ausdruck *Billett* geht zurück auf französisch *billet (de logement)* (= Quartierschein für Soldaten). Nach der Entlehnung ist das Wort nur mehr für *Fahrkarte* verwendet worden. Der englische Ausdruck *Ticket* ist ebenfalls französischen Ursprungs. Unter *estiquette* hat man früher einmal eine zettelartige öffentliche Ankündigung verstanden, die an einem Tor oder an einer Wand angebracht worden ist. Das Wort *estiquer* hat nämlich so viel wie »ankleben« bedeutet.

Tomate *oder* Paradeiser

»Zu Ihrem Suchbegriff *Paradeiser* wurde leider nichts gefunden! Bitte versuchen Sie es erneut.«
Ergebnis einer Web-Recherche auf www.billa.at

In den österreichischen Supermärkten sind die *Paradeiser* auf dem Rückzug. Wie hieß es doch auf einem »Billa«-Werbeplakat: »Schmecken so wie früher. Als *Tomaten* noch *Paradeiser* waren.« Für einen regelrechten Abgesang ist es allerdings noch zu früh. Im überwiegenden Teil Österreichs (nicht im Westen) kennt man für das Nachtschattengewächs *Lycopersicon esculentum* die auf *Paradiesapfel* zurückgehende Bezeichnung *Paradeiser.* In weiten Teilen Deutschlands, auch in Bayern, heißt es hingegen: *die Tomate.*

Paradiesapfel war ursprünglich »ein schöner Apfel« oder ein »Granatapfel« mit Hinweis auf die verführerische Frucht im Paradies. Als die Tomate nach Europa kam, wurde die Bezeichnung *Paradiesapfel* in Österreich auf diese neue Frucht übertragen.

T

Tomate geht zurück auf *tomatl* aus der mexikanischen Indianersprache Nahuatl. Über das spanische *tomate* und das französische *tomate* kam der Ausdruck ins Deutsche. Johann Siegmund Popowitsch vermerkt Mitte des 18. Jahr-

hunderts für Österreich »Paradiesapfel« und verweist auf *Tomates* der Spanier.
Im Gebiet um Frankfurt am Main hat sich in der Umgangssprache der Ausdruck *Paradiesapfel* erhalten, genauso im südlichsten Rand der neuen Bundesländer, wo auch *Paradeiser* noch geläufig ist. Hamburg ist mit *Liebesapfel* eine sprachliche Enklave. Als Produktbezeichnung ist hingegen *Tomate* in Deutschland unbestrittener Standard.

Toppen *oder* übertreffen

> **»Voriges Jahr sind 1.111.163,– Euro Reingewinn herausgekommen. Mal sehen, ob es heuer gelingen wird, diesen Rekord zu *toppen!*«**
> *Aus der ORF-Moderation zum Life-Ball 2007*

Alles Neue muss zumindest um eine Spur größer, höher, schneller sein als das Alte. Aber Moment! Wenn der Reingewinn des Life-Balls 2007 nur 1,111.162,– Euro ausgemacht hätte, wäre dann die ganze Veranstaltung sinnlos gewesen? Wenn ein Popsänger mit einer Nummer einen gigantischen

Erfolg erzielt hat, dann malen die Rundfunkmoderatoren landauf, landab ein Menetekel an die Wand: »Wenn er jetzt wieder ins Studio geht, dann wird der Druck sehr groß sein. Es wird ihm nicht leichtfallen, die Verkaufszahlen seiner letzten CD zu *toppen!*« Aber muss er von jeder CD mehr verkaufen als von der vorhergehenden?

Einmal Pause machen geht nicht. Als sich John Lennon für einige Jahre aus dem Plattengeschäft zurückzog, um ganz für seinen kleinen Sohn da zu sein, waren alle irritiert. In »Watching The Wheels« beschreibt er diese Reaktionen: »Die Leute sagen, ich bin nicht ganz bei Trost … die wollen mich vor meinem Untergang bewahren. Wenn ich ihnen antworte, dass es mir gut geht, sehen sie mich verwundert an und sagen: Sicher bist du unglücklich, weil du nicht mehr mit im Spiel bist …«

Im Wirtschaftsleben gelten dieselben Regeln. Ich kenne einen ausländischen Verleger, der sich beharrlich geweigert hat, im Budget für das bevorstehende Jahr eine Umsatz- und Gewinnsteigerung vorzusehen. Sein Argument: »Wir haben heuer gleich mehrere Bestseller. Es ist unwahrscheinlich, dass uns das im kommenden Jahr ebenfalls gelingen wird.« Der Mann ist bei weiterlaufenden Bezügen freigestellt worden.

Kein Wunder, dass diese Mentalität auch auf unseren Sprachgebrauch durchschlägt. Das englische Wort *to top* ist irgendwann in den 1990er-Jahren ins Deutsche entlehnt worden. Es leitet sich von einem gleichlautenden Substantiv mit der Bedeutung »Spitze« ab. Offensichtlich will jeder spitze sein. Dem Ausdruck *übertreffen* scheint hingegen seine Etymologie nachzuhängen. Das Zeitwort *treffen* hat in grauer Vorzeit »schlagen« bedeutet.

Wahrscheinlich ist es auch kein Zufall, dass heutzutage die Hyperlative so um sich greifen. Dabei handelt es sich um regelwidrige oder zumindest stilistisch bedenkliche Steigerungsformen. Wenn der *bestaussehendste* Schauspieler krank wird, bekommt er das *schnellstwirksamste* Medikament. Das ist dann die *bestmöglichste* Lösung, damit die Filmaufnahmen zum geplanten Zeitpunkt beginnen können. Wie wenn nicht *ein* Superlativ allein schon ausreichen würde! Gesteigert wird auch das Unsteigerbare. Radio Energy ist *der einzigste Radiosender,* wo diese chilligen Hits aus »Black & R 'n B« zu hören sind. Und ein Regierungsmitglied preist seine eben vorgelegte Gesetzesinitiative als *die optimalste Lösung* an – oder zumindest als *den maximalsten Kompromiss.* Nur den Vorschlägen der Opposition will er *in keinster Weise* zustimmen.

Manche Steigerungen werden so oft verwendet, dass sie schon fast normal klingen. Wer freut sich nicht, wenn er erfährt, dass der Auftrag *zur vollsten Zufriedenheit* ausgeführt worden ist? Aber auch dabei handelt es sich schlicht und einfach um *schlechtesten Stil.*

Ich möchte jedoch davor warnen, alle Formulierungen dieser Art gleich als Fehler abzutun. Als Ausdruck besonderen Überschwangs ist in einem dichterischen Umfeld jede Steigerung möglich: »Gute Nacht, Engel. *Einzigstes, einzigstes Mädchen*, und ich kenne ihrer viele.« Wer hat das geschrieben? War er der deutschen Sprache nicht mächtig? Es war Johann Wolfgang von Goethe. Das Wort »einzig« steht in diesem Fall nicht für »nur einmal in seiner Art vorhanden«, es bedeutet »außergewöhnlich«, wird also im übertragenen Sinn gebraucht. Auch wir können uns hin und wieder gewagter ausdrücken, zum Beispiel in Liebesbriefen. Dort geben auch Hyperlative etwas her.

Und was den Life-Ball anlangt, Gerry Keszler hat es wieder einmal geschafft. Er hat das Ergebnis des Vorjahres schließlich doch noch *getoppt* – also *übertroffen*.

Tüte *oder* Sackerl

»Ab heute ist die ›Ö3-*Wundertüte*‹ in 3,4 Millionen Haushalten zu finden: Ganz Österreich ist aufgerufen, alte Handys abzugeben.«
lichtinsdunkel.orf.at

Es war ein rechteckiges, durchsichtiges *Sackerl*, nicht ein *Stanitzel*, wie man vermuten könnte! Aber die Österreicher haben Widerstand geleistet. In einem Interview zur »Ö3-

Wundertüte« sagte ein Hörer in entwaffnender Ehrlichkeit: »Wir haben die Handys hineingegeben – dann haben wir *das Sackerl* an den ORF geschickt.«

Sackerl, Sackl, Säckle oder *Säckli* sind durchwegs Verkleinerungsformen von *Sack* – zu lateinisch *saccus,* das auf assyrisch-griechisch *šakku* (= Sack, Büßergewand) zurückgeht.

Eine »Tüte« hatte ursprünglich eine Trichterform, sie war aus Papier und diente zum Transport von Waren des täglichen Gebrauchs – ehe die Tragtasche erfunden wurde (= Sack aus Papier, Plastik, Jute etc. mit zwei Bügeln aus demselben Material wie der eigentliche Sack). In Deutschland verwendet man für die »Tragtasche« weiterhin den Ausdruck *Tüte,* obwohl diese nicht trichterförmig ist.

Wenn es um den monatlichen Gehalt geht, dann erfreut sich das Wort *Lohnsackerl* ungebrochener Beliebtheit. »Angestellte hatten um mindestens zwei Prozent mehr im *Lohnsackerl,* und Öffentlich Bedienstete konnten sich über ein 1,6-prozentiges Plus freuen«, das konnte man unlängst in einer Zeitung lesen. An eine *Lohntüte* will keiner denken.

User *oder* Benutzer *oder* Benützer

»Voraussetzung für die *Benutzung* dieses Service ist ein gültiger Novell-*User-Account* der BOKU.«
www.boku.ac.at

»Die ›Systemsteuerung‹ bietet Optionen zum Anpassen der Darstellung und Funktionalität des Computers … und zum Einrichten von Netzwerkverbindungen und *Benutzerkonten*.«
Microsoft-Information zu ›Systemsteuerung‹

Im Netzjargon ist *User* ein dominanter Ausdruck, dabei gibt es ein passendes deutsches Wort. Heißt dieses Wort *Benutzer* oder *Benützer?* In Österreich, in der Schweiz und im Süden Deutschlands ist *Benützer* die gebräuchliche Form. In der Mitte und im Norden Deutschlands sagt man *Benutzer.* Dies gilt auch für alle Komposita. Die deutschen Ausdrücke sind durchwegs anschaulicher als die englischen.

U

User	Benützer, Anwender
User Account	Benützerkonto, Benützerzugang
User ID	Benützerkennung
User Profil	Benützerprofil
Usability	Benützerfreundlichkeit

Wenn in der Bedienerführung eines Microsoft-Programms deutschsprachige Ausdrücke auftauchen, dann jeweils ohne Umlaut: *Benutzer, Benutzerkonto* etc.

Voten *oder* abstimmen

> **»Jetzt können Sie für Ihren Lieblingsstar *voten!*«**
> *Arabella Kiesbauer in »Starmania«*
>
> **»Auf krone.at könnt ihr die *Österreicher des Jahres* bestimmen. Mirjam hat bereits Arabella Kiesbauer geschlagen und ist damit im Viertelfinale. Jetzt tritt sie gegen Christina Stürmer an. Also *votet* für Mirjam!«**
> *www.mirjam-community.de*

Vor allem bei »Starmania« wurde *gevotet,* was das Zeug hält. Bei »Dancing Stars« hat man den Begriff tunlichst vermieden – kein Wunder, viele ältere Zuseher lehnen den Ausdruck ab. Die Engländer haben das Wort im 15. Jahrhundert aus dem Lateinischen übernommen. Dort hat *votum* so viel wie »Gelöbnis, Wunsch, Versprechen« bedeutet. Es handelt sich um ein substantiviertes Partizip Perfekt zu *vovere* (= versprechen, widmen). Auch im Englischen hat *to vote* ursprünglich nur *etwas geloben* bedeutet. Mitte des 16. Jahrhunderts ist erstmals eine Verwendung im Sinn von »abstimmen« belegt.

Im deutschen Sprachraum hat man sich ebenfalls des lateinischen Ausdrucks bedient und für »seine Stimme abgeben« zunächst *votieren* gebraucht. Daraus ist dann die Lehnübersetzung *(ab)stimmen* entstanden.

Ein wenig hat auch das althochdeutsche *gistimmi* (= harmonisch, die gleiche Stimme habend) mitgespielt. Es lebt noch fort in »zusammenstimmen« und »ein Instrument stimmen«.

Offensichtlich werden heute Zeitwörter mit der Endung *-ieren* als altmodisch empfunden und durch englische Entlehnungen mit der gleichen Wurzel ersetzt. Die Form *voten* klingt moderner als *votieren*.

Das Wort *abstimmen* hat jedoch seinen besonderen Reiz, weil es etymologisch auch den Gedanken »mit einer Stimme sprechen« enthält.

Waffeln *oder* Schnitten

Bei der Fotorecherche für mein Buch »Das österreichische Deutsch« sind mir beim Wort *Schnitte* sofort die rosaroten Packerln der Firma »Manner« eingefallen. Heute ist diese Abbildung bereits ein historisches Dokument. Die Firma »Manner« hat wenig später auf der Vorderseite der Packung das Wort *Schnitte* durch *Neapolitaner* ersetzt. Einerseits will man stärker nach Deutschland expandieren, und dort kann man mit *Schnitten* nichts anfangen, andererseits will man den Österreichern den Ausdruck *gefüllte Waffeln* nicht zumuten. Die Bezeichnung *Neapolitaner* hat immerhin Tradition. So ist das Produkt bereits einmal genannt worden – weil die Haselnüsse seinerzeit aus Neapel eingeführt worden sind.

Als *Schnitten* – eine Wortbildung zu »schneiden« – bezeichnet man in Österreich die kleinen Bäckereien mit wabenförmigem Muster und feiner Haselnusscremefülle. In Deutschland spricht man stattdessen von *(gefüllten) Waffeln,* ein Ausdruck aus dem Niederländischen.
Wenn ein Deutscher das Wort *Schnitte* hört, dann kann er sich nur eine »Brotscheibe« darunter vorstellen. Das ist in der Tat eine babylonische Sprachverwirrung!

Für den österreichischen Konsumenten hat die Sache auch etwas Gutes: Die Verwendung von *Schnitte* ist eine Art Herkunftsbezeichnung. Hände weg von allem, was wie eine *Schnitte* aussieht, sich aber *gefüllte Waffel* nennt.
Nur zu den ungefüllten Waffeln wollen wir *Waffeln* sagen. Man bekommt sie beispielsweise im Eissalon. Die Eiswaffeln sind ebenfalls mit einem wabenförmigen Muster versehen, aber sie sind viel größer.

Weihnachtsmarkt *oder* Christkindlmarkt

In einer Folge der ORF-Serie »Dolce Vita« prallen die sprachlichen Gegensätze zwischen den Österreichern und den Deutschen dramatisch aufeinander.
Da kommen Marios Schwiegereltern für einige Tage auf Besuch nach Wien, und der Urwiener Mario versucht dem Urberliner Kurt das Treiben vor dem Wiener Rathaus zu erklären. Kurt glaubt, dass es sich um eine Kir-

mes handelt, worauf sich folgender Dialog entspinnt:
Mario: Das ist keine Kirmes, das ist der *Christkindlmarkt!*
Kurt: *Christ... Christkindel...*
Kurts Frau: *Weihnachtsmarkt!*
Kurt: Ach so, und das mitten im November, is ja sehr eigenartig ...
Mario: Ja, nächstes Jahr wollen s' schon im August damit anfangen.
Kurt: Diese Österreicher, die bringen ja alles fertig!
Kurts Frau: Aber charmant!

Der Ausdruck *Christkindlmarkt* ist auch in Bayern geläufig, in Baden-Württemberg ist die leicht abgewandelte Form *Christkindlesmarkt* zu hören. In der Mitte und im Norden Deutschlands verwendet man hingegen den Ausdruck *Weihnachtsmarkt.*
Der *Christkindlmarkt* verhält sich also zum *Weihnachtsmarkt* wie das *Christkind* zum *Weihnachtsmann.*
In letzter Zeit ist in Österreich die Tendenz feststellbar, dass vor allem in der Werbung der großen Handelsketten das Wort *Weihnachtsmarkt* an Bedeutung gewinnt. Eine Vorreiterrolle hat dabei »Kika« übernommen. Die traditionsreichen Märkte tragen aber noch immer den Namen des Christkinds: jener vor dem Wiener Rathaus, jener am Franziskanerplatz in Graz, jener vor dem Salzburger Dom …

Xmas *oder* Weihnachten

»*Xmas*-Psycho. Happy *Xmas*-Party.
Wie man *Weihnachtsfeiern* ohne totalen Gesichtsverlust übersteht.«
»Trend« 1/2007

»Das *Xmas-Special* von ›Swatch‹ steht ganz im Zeichen von Glamour und Prunk.«
www.ihr-einkauf.at

In der Werbung hat *Weihnachten* seit einigen Jahren einen Konkurrenzkampf mit *Xmas* zu bestehen – es handelt sich um zwei Wörter mit völlig unterschiedlichen Etymologien. Unser Wort *Weihnachten* war ursprünglich ein Dativ Plural *ze den wihen nahten* (= zu den heiligen Nächten). Es gehört seit dem 12. Jahrhundert zum Standardwortschatz. Die Betonung der Nacht geht auf die christliche Liturgie zurück, der Plural bezieht sich wohl darauf, dass mehrere Tage lang gefeiert wurde.

Christmas lässt sich auf ein altenglisches *Cristes mæsse* zurückführen, wobei die ungewöhnliche Aussprache mit i (nicht mit ai wie in engl. *Christ)* an die Sprechweise irischer Missionare erinnert.

Das X in der Kurzform *Xmas* steht nicht für das Kreuz, wie immer wieder fälschlich behauptet wird, es handelt sich um den griechischen Buchstaben für CH, die Abkürzung für »Christus«. Bereits 1551 ist in England *X'temmas* belegt. Ältere Formen der Abkürzung waren Xp- oder Xr-. Die Form *Xres mæsse* für *Christmas* findet sich schon in der »Anglo-Saxon Chronicle« (ca. 1100).

Im Englischen ist *Xmas* also ein recht altes Kürzel, nur im Deutschen klingt es unverbraucht.

Seitenverzeichnis der „bedrohten Wörter“

Bitte beachten Sie auch die Wortlisten zu den Themen Fugen-s (116) und EDV (39, 133). Die im »Protokoll Nr. 10« angeführten »spezifisch österreichischen Ausdrücke« werden auf Seite 78 zitiert.

Danksagung

An dieser Stelle sei allen sprachbewussten Österreicherinnen und Österreichern gedankt, die mir wichtige Hinweise gegeben haben, den hilfsbereiten Wissenschaftern genauso wie meiner Familie: meiner Frau Melita, sie hat zu dieser Sammlung zahlreiche Kapitel beigesteuert, und meiner Tochter Roberta; was ich über die Jugendsprache weiß, verdanke ich ihr – man kann es in unserem Lexikon der Jugendsprache mit dem Titel »leet & leiwand« nachlesen.

Auch danke ich den Lesern meines Buches »Das österreichische Deutsch. Wie wir uns von unserem großen Nachbarn unterscheiden«. Viele haben mir interessante Anregungen gemailt. Auch Leserbriefe und Postings zu meiner wöchentlichen Sprachkolumne in der »Wiener Zeitung« waren für mich von großem Wert.

Nicht zuletzt hat mich Bodo Mrozeks »Lexikon der bedrohten Wörter« ermutigt, das Projekt in Angriff zu nehmen. Der Berliner Journalist listet viele Wörter auf, die zwar in seiner Heimat vom Aussterben bedroht sind, bei uns aber nie in Gebrauch waren: *Lorke* und *Muckefuck* gehören dazu, genauso Redewendungen wie: *Es zieht wie Hechtsuppe.* Es ist schon richtig: Der Österreicher unterscheidet sich vom Deutschen durch die gemeinsame Sprache.

Während Bodo Mrozek die bereits untergegangenen Wörter in aller Kürze liebevoll beschreibt, erschien es mir sinnvoll, den gerade stattfindenden Zweikampf rivalisierender

Ausdrücke zu dokumentieren. Außerdem habe ich auch die Etymologien der Wörter recherchiert: Woher kommen sie? Was haben sie ursprünglich bedeutet? Wer die richtigen Etymologien kennt, kann mit den Wörtern besser umgehen, kann sie bewusst einsetzen.

Für wertvolle Hinweise danke ich ganz besonders:
Dieter Binder, Ernst Bruckmüller, Jakob Ebner, Herbert Fussy, Annelies Glander, Manfred Glauninger, Maria Hornung, Liisa Lerchenmüller, Wolfgang Maderthaner, Wolfgang Mayr, Anton Karl Mally, Herbert Michner, Hermann Möcker, Bob Muller, Heinz Dieter Pohl, Walter Riedl, Werner Sabitzer, Roman Sandgruber, Helmut Scheiblreiter, Hermann Scheuringer, Werner Scholze-Stubenrecht, Gerald Sonneck, Ulrike Steiner, Johannes Thiele, Christoph Winder, Richard A. Zahnhausen, Franz Zauner, Roman Zeilinger.

Folgende Nachschlagewerke waren für mich von besonderem Wert:

Österreichisches Wörterbuch, 40. Auflage, Wien, 2006
Variantenwörterbuch des Deutschen, Berlin, 2004
Kluge – Etymologisches Wörterbuch der deutschen Sprache, Berlin, 2002
Wikipedia, die freie Enzyklopädie im Internet auf de.wikipedia.org
Online Etymology Dictionary by Douglas Harper auf www.etymonline.com